PAUL VALÉRY

La Jeune Parque

L'Ange, Agathe
Histoires brisées

Préface et commentaire
de Jean Levaillant

nrf

GALLIMARD

le parfait la brisure l'impossible

Avec La Jeune Parque, *poème achevé, pourquoi* L'Ange, Agathe, *poèmes inachevés sans doute, et* Histoires brisées, *fragments inachevables ? Parce que les rapports entre ces textes confèrent à leur ensemble une structure unique. Une même trace effacée a isolé l'île de la jeune Parque, l'île Xiphos, la sphère close d'Agathe, l'île de Robinson, l'éternité circulaire de l'Ange ; une même question, « qui pleure ? », ou seulement « QUI ? », ou l'anonymat d'un inconnu sans origine et sans visage, maintient chacun à distance de soi, séparé, divisé sans réponse ; pour tous, un même éveil brusque, après une catastrophe oubliée, ou une perte, ou l'inaccessible ; pour tous, un Autre est là, avant le poème, et perdu innommable.*

La structure de L'Ange *est une réduction abstraite de* La Jeune Parque *et d'*Agathe, *et un modèle poétique parfait de* La révélation anagogique. *Et puis, le poème en prose, si fréquent, par fulguration, dans les* Cahiers, *c'est le dernier état de l'invention valéryenne en poésie :* La Jeune Parque *a besoin de ce contrepoint pour qu'apparaissent, formellement, ses réussites et ses manques. Le poème en prose se construit selon « un secret nouveau, un secret que je pressens d'amener chaque phrase à une place [...]*

Trouver la formule d'un ordre. En général, le discours en prose est sans lois (par définition) — on lui donnerait des règles aussi rigoureuses qu'aux vers — rigoureux. Mais non des règles auditives — des règles de métrique intellectuelle. Règles invisibles. Alors il y aurait un travail de mise en prose. Mais cela ne s'appellerait plus prose » (Cahiers VI, 552-553). La modulation ne cherche plus le plaisir des sons : c'est à l'esprit que le nombre renvoie ou s'adresse. La sémantique n'utilise plus la polysémie, jeu sur plusieurs niveaux de sens ; mais, par une condensation extrême, le multiréférentiel : chaque terme (ou presque) contient une infinité de référents, parce qu'il contient une loi, parce qu'il s'identifie à sa définition ; d'où cette musique de l'abstrait, cette chorégraphie de concepts et de relations formelles, dans Agathe, L'Ange, Au commencement sera le Soleil : « SILENCE, mon Silence... ABSENCE, mon absence, ô ma forme fermée ... » Ici pourtant, comme dans La Jeune Parque, le support est le corps, — et à chaque ligne on le sait, on le voit, on le touche : mélodie de l'abstrait qui contient le plus vivant de la chair, ce « Singulier-Universel » auquel Valéry s'efforçait comme à la forme suprême du moi. Une dernière raison justifie le rapprochement de ces textes. Les Histoires brisées ne sont pas des germes ; elles n'ont pas de prolongement possible, pas de « destin », même virtuel. Ce sont des instants bruts de l'invention, des moments intenses, mais sans suite ; des fantasmes. Et au point de la cassure, on aperçoit pourquoi elles se sont brisées d'elles-mêmes. C'est qu'elles disent, ou étaient en train de dire, ce qui fait la tension de la poésie valéryenne, et que les poèmes ne peuvent pas vraiment nommer.

« L'idée de perfection m'a possédé » ; et aussi : « Toute

8

belle œuvre est chose fermée. » Alors, perfection clôture ?
La tentation de l'œuvre close, c'est la tentation d'en faire
un théâtre, avec tous les moyens de la mise en scène, et on
en voit aussitôt les traces dans La Jeune Parque, avec
cette vieille esthétique de la représentation qui guette
chaque « passage », et ces instruments de régisseur qui
servent au repérage scénique ; les différents MOI, les effets
de lumière et d'ombre, et, à la fin, l'académisme du geste
d'appel vers le Soleil. La perfection valéryenne n'est pas là.
Mais bien plutôt dans la multiplicité extrême, la plénitude
des relations infinies, parfois presque insaisissables, qui
circulent entre tous les instants, toutes les surprises de la
poésie. Avec Rimbaud et Mallarmé, Valéry abolit la reli-
gion du sens unique d'un texte. Pas de centre, de point fixe
— et ceci est valable pour tous les poèmes cités ici ; un
décentrement incessant, des surimpressions plastiques,
phoniques, des métaphores qui se renforcent de nouveaux
éléments à cent vers de distance, des durées multiples qui
s'organisent à l'intérieur du poème, comme l'histoire ou le
corps ont des durées différentes, le cœur, la vue, la marche,
et l'ensemble c'est la vie du corps ; des substitutions d'une
durée à l'autre (c'était le rythme de la durée de la marche,
et cela devient, oui, le rythme de la durée d'un cœur qui
bat, qui s'arrête, qui bat encore). Pas de poésie plus mobile,
comme le sang. Et puis, un échange entre le passé, le futur,
le présent, qui rend heureusement impossible toute chrono-
logie interne ; un temps plein, et paradoxal : une achronie
généralisée, le temps du rêve. L'espace est saturé davantage
encore ; un espace topologique ; topologie : étude des posi-
tions relatives dans l'espace, et de leurs tensions. Le proche
et le loin s'échangent, ou se confondent. « Seule, avec
diamants extrêmes », dit la récitante : tension en extériorité ;
mais aussitôt : « je scintille, liée à ce ciel inconnu », tension

en intériorité, le scintillement de l'étoile est devenu le scintillement d'un regard en larmes. Ailleurs la Parque se confond avec l'Arbre, les Dieux, l'onde, ou se divise et démultiplie son regard à travers des espaces en surplomb : « Je me voyais me voir. » Pas de forme, faite ou se faisant, pas de mouvement, qui ne trouve ici sa trace ou sa ligne : « palpitation de l'espace multiple ». Même pour l'Ange, et c'est une limite : la sphère fermée de sa pensée sans corps est comble de similitudes, de contrastes, de clartés, d'idées, de diamants, de réfractions et de reflets. Partout l'espace est multiplié dans sa substance, sa matière, ses lignes, par d'incessants déplacements de points de vue : il faudrait analyser l'aperspectivisme de Valéry, plénitude et nouveauté de l'être au monde, quand il est libre d'éprouver et de voir hors des cadres de la représentation traditionnelle.

Prose ou vers, la dissonance sémantique (entre épithète et substantif, etc.) et l'ambiguïté (« une larme qui fonde », est-ce « fonder », ou « fondre »?) surprennent à chaque instant l'intellect pour lui faire accomplir tous les passages qui lui sont ouverts à travers le sens. Lisez Agathe : les disjonctions, les ellipses, les fragments de réel comme de brusques collages ; lisez La Jeune Parque : les réseaux constitués en dessous, par la multiplicité des significations, les métaphores dont un terme manque, l'alliance de l'animé et de l'inanimé (« Aux déchirants départs des archipels superbes ») — chaque fois, comme avec Mallarmé ou Rimbaud, surgit cette poésie fondée sur la différence qui devient identité, cette « incohérence harmonique », cet éveil. Violence du texte valéryen, Dionysos sous les contraintes d'Apollon. Et pourtant le système poétique complet répond à une autre condition encore. Une condition de volupté : que le son charme le sens, et que le sens enchante le son. Le parfait ne s'effectue que par un jeu réglé de signes, un engrenage absolu des contraintes faisant surgir l'harmonie. Double ou triple harmonie. L'harmonie entre les signes ; entre les signes et la connaissance du monde ; entre les différents niveaux des rapports que les signes, par la polysémie, vont nouer avec les différents niveaux du monde. Alors, prose ou vers, peu importe : le sens n'abolit pas l'expression qui le constitue. En chimie, « valence » signifie : « nombre de liaisons qu'un atome engage avec d'autres atomes dans une combinaison ». Le plus haut degré de valence possible définit la combinaison valéryenne du son et du sens : « Un beau vers redevient — comme l'effet de son effet, — cause harmonique de soi-même [...] la poésie tend à se faire reproduire dans sa forme. » Ni dehors, ni débord ; un objet qui n'irradie qu'à l'intérieur de soi ; comme l'Ange, une sphère fermée. Alors, la perfection, est-ce une clôture mortelle ?

« Au commencement est une interruption des échanges. Ce n'est pas le Verbe. Le réveil. » « Au commencement il y a... quelque chose. Un pronom neutre antérieur à tout nous. » Les Cahiers montrent Valéry fasciné par l'indescriptible Commencement. Donc, au commencement, un arrêt ; pas de Verbe, mais un tenant-lieu de nous. Un neutre. Ce n'est pas moi ; et c'est en moi ; et j'y suis ; comme dans un rêve ; avant l'éveil. Alors le réveil. Et cela est perdu. Il en reste des traces, « frémissement d'un feuillage effacé ». Et je questionne : qui est cet autre de moi, qui est cette chose, ou cet être, oublié dans la veille, sans nom, sans origine, qui demande quoi ? « Qui pleure là ? » Là où cela fut, dans le rêve, dans l'inconscient. La question, Valéry souhaitait la poser au début de toute philosophie, et la philosophie aurait été évacuée. « Qu'est-ce qu'une interrogation », se demande-t-il : « C'est faire dépendre la

proposition [...] *d'une opération ultérieure — c'est intro-*
duire l'inachevé » ; ailleurs, il précise que toute question est
greffée sur une souffrance, et sur une négation. Tous les
textes de ce volume reposent sur une question, qui s'infiltre
partout : la chaîne inachevable des questions de la Parque,
substituées l'une à l'autre, quémandant toutes une réponse
sur l'origine, se relançant jusqu'à la fin où par un coup de
force et non parce qu'une réponse quelconque aurait été
proférée, la Parque les refoule et se soumet à la Loi sans
question du Soleil ; le « QUI interroge ? » d'Agathe et ses
majuscules bouleversant l'ordre « achevé » de la typographie,
ou encore ce « SI » brusque, syntaxiquement « marqué »,
lettres serpent ; ou la question qui lézarde le Système de
l'Ange, éternelle irréductible nomade, se redressant quand
on l'efface. Cette question, si elle apparaît peu sous sa forme
grammaticale dans Histoires brisées, on peut dire qu'elle
s'y trouve partout : elle est le brisement même des « histoires »,
la fragmentation, l' « interruption des échanges ». Dans
l'île Xiphos, une femme qui est la Puissance de la Pureté
dit le vrai tout le jour : « Vers le soir, elle pliait les genoux... »,
et l'écriture s'arrête ; ou bien, à propos d'une légende, le
narrateur déclare : « Mais la vérité est celle-ci, qui est plus
profonde », et l'histoire se brise là ; ou l'Esclave, à l'instant
qu'il va livrer son secret : « je me connais maintenant [...]
un nouveau bonheur de sentir et de dire — un nouvel infini
se ... », et ici le silence. Les Histoires brisées se brisent sur
l'indicible, au moment où elles diraient la réponse aux
questions qui commencent les poèmes. Quelle réponse ? Celle
qui n'a pas de nom, pas de langage, celle que cherche et
suit la jeune Parque ou l'Ange ou le narrateur d'Agathe :
le moi est fendu et refendu, et l'autre de moi ne pourra
jamais se dire. Le corps s'inscrit dans chaque vers de La
Jeune Parque : *au point focal où se situent les poèmes, le*

sensible et l'intelligible se métaphorisent constamment l'un par l'autre. Mais ces métaphores sublimantes prennent la place des réponses. La plénitude du savoir diffusée à travers le texte, cet admirable objet systématique et clos, si on l'ouvre, on l'aperçoit fissurée d'une béance de non-savoir. Au commencement n'est pas le Verbe, mais l'effacement. La poésie n'est pas située au point de l'universel, comme chez Mallarmé, mais au point de la division ; exemple Robinson : « Le pied marqué au sable lui fait croire à une femme. | Il imagine un Autre. Serait-ce un homme ou une femme ? | Robinson divisé — poème. » La poésie naît de cette faille, et tente de combler la fente ouverte par la question : ne pouvant dire ce qui s'est effacé, elle se fait inscription de l'effacement, sillage de l'oubli, discours de la Loi et des formes pour échapper à l'informe et au désir refoulé du corps de l'Autre. Brisure et Ordre, l'inachevable dans l'achevé, double discours et discours du double, la modernité valéryenne s'installe dans cette contradiction.

Si charnelle et abstraite à la fois, cette poésie construit le vivant à partir de l'impossible, contre l'impossible. Calypso, Éros visible, « calice de chair humide », mais aussi « figure d'une Idée », et « force inconcevable » et « mystère des ombres », se dérobe au désir, fond « comme un reptile », à même l'étreinte la plus forte ; et ce caprice lui était « une loi ». Quel est donc cet Autre qui se dérobe, quelle est la loi de ce dérobement qui provoque une douleur échappant aux lois ? C'est la différence qui sépare de l'acte le langage, de l'être la transparence, du désir la possession, de l'existence la connaissance, et du moi le moi lui-même. Adossé à l'ordre et aux lois, Valéry ne pouvait construire que sur l'impossible. Mais il est allé jusqu'aux dernières limites de ce drame qui fait surgir toutes les réflexions modernes sur le langage. A la fin de sa vie, il se pose une question ultime sur son œuvre : « *Si tu veux, ma Raison, je dirai —, (tu me laisseras dire) — que mon Ame qui est la tienne aussi, se sentait comme la forme creuse d'un écrin, ou le creux d'un moule, et ce vide s'éprouvait attendre un objet admirable — une sorte d'épouse matérielle qui ne pouvait pas exister — car cette forme divine, cette substance complète, cet Être qui n'était que Non-Être, et comme l'Être de ce qui ne peut Être — exigeait justement une matière impossible, et le creux vivant de cette forme savait que cette substance manquait et manquerait à jamais au monde des corps — et des actes...*

Mon œuvre était cela.

Labeur, souffrances, événements, douceurs ou glaives d'une vie, espoirs surtout, mais désespoirs aussi, nuits sans sommeil, amis charmants, femmes réelles, heures, jours, — siècles soudains, sottises faites, mauvais moments... ah — tout cela, et tant d'années — il fallait, il fallut tout cela, et le dégoût ou le dédain ou le regret ou le remords, et le mélange et le refus de tout cela pour que se creuse dans la masse d'existence et d'expériences confondues et fondues = ce noyau, merveille, à coups de négations finalement chef-d'œuvre insupportable et le triomphe de l'impossible pur !... »

C'est au réel impossible que le poète arrache la poésie du vivant.

Jean Levaillant.

La Jeune Parque

Le Ciel a-t-il formé cet amas de merveilles
Pour la demeure d'un serpent?

Pierre Corneille.

Qui pleure là, sinon le vent simple, à cette heure
Seule, avec diamants extrêmes?... Mais qui pleure,
Si proche de moi-même au moment de pleurer?

Cette main, sur mes traits qu'elle rêve effleurer,
Distraitement docile à quelque fin profonde,
Attend de ma faiblesse une larme qui fonde,
Et que de mes destins lentement divisé,
Le plus pur en silence éclaire un cœur brisé.
La houle me murmure une ombre de reproche,
Ou retire ici-bas, dans ses gorges de roche,
Comme chose déçue et bue amèrement,
Une rumeur de plainte et de resserrement...
Que fais-tu, hérissée, et cette main glacée,
Et quel frémissement d'une feuille effacée
Persiste parmi vous, îles de mon sein nu?...
Je scintille, liée à ce ciel inconnu...
L'immense grappe brille à ma soif de désastres.

Tout-puissants étrangers, inévitables astres
Qui daignez faire luire au lointain temporel
Je ne sais quoi de pur et de surnaturel;
Vous qui dans les mortels plongez jusques aux larmes
Ces souverains éclats, ces invincibles armes,
Et les élancements de votre éternité,
Je suis seule avec vous, tremblante, ayant quitté
Ma couche; et sur l'écueil mordu par la merveille,
J'interroge mon cœur quelle douleur l'éveille,
Quel crime par moi-même ou sur moi consommé?...
... Ou si le mal me suit d'un songe refermé,
Quand (au velours du souffle envolé l'or des lampes)
J'ai de mes bras épais environné mes tempes,
Et longtemps de mon âme attendu les éclairs?
Toute? Mais toute à moi, maîtresse de mes chairs,
Durcissant d'un frisson leur étrange étendue,
Et dans mes doux liens, à mon sang suspendue,
Je me voyais me voir, sinueuse, et dorais
De regards en regards, mes profondes forêts.

J'y suivais un serpent qui venait de me mordre.

Quel repli de désirs, sa traîne!... Quel désordre
De trésors s'arrachant à mon avidité,
Et quelle sombre soif de la limpidité!

Ô ruse!... A la lueur de la douleur laissée
Je me sentis connue encor plus que blessée...

Au plus traître de l'âme, une pointe me naît;
Le poison, mon poison, m'éclaire et se connaît :
Il colore une vierge à soi-même enlacée,
Jalouse... Mais de qui, jalouse et menacée?
Et quel silence parle à mon seul possesseur?

Dieux! Dans ma lourde plaie une secrète sœur
Brûle, qui se préfère à l'extrême attentive.

Va! je n'ai plus besoin de ta race naïve,
Cher Serpent... Je m'enlace, être vertigineux!
Cesse de me prêter ce mélange de nœuds
Ni ta fidélité qui me fuit et devine...
Mon âme y peut suffire, ornement de ruine!
Elle sait, sur mon ombre égarant ses tourments,
De mon sein, dans les nuits, mordre les rocs charmants;
Elle y suce longtemps le lait des rêveries...
Laisse donc défaillir ce bras de pierreries
Qui menace d'amour mon sort spirituel...
Tu ne peux rien sur moi qui ne soit moins cruel,
Moins désirable... Apaise alors, calme ces ondes,
Rappelle ces remous, ces promesses immondes...
Ma surprise s'abrège, et mes yeux sont ouverts.
Je n'attendais pas moins de mes riches déserts
Qu'un tel enfantement de fureur et de tresse :
Leurs fonds passionnés brillent de sécheresse
Si loin que je m'avance et m'altère pour voir
De mes enfers pensifs les confins sans espoir...
Je sais... Ma lassitude est parfois un théâtre.

L'esprit n'est pas si pur que jamais idolâtre
Sa fougue solitaire aux élans de flambeau
Ne fasse fuir les murs de son morne tombeau.
Tout peut naître ici-bas d'une attente infinie.
L'ombre même le cède à certaine agonie,
L'âme avare s'entr'ouvre, et du monstre s'émeut
Qui se tord sur le pas d'une porte de feu...
Mais, pour capricieux et prompt que tu paraisses,
Reptile, ô vifs détours tout courus de caresses,
Si proche impatience et si lourde langueur,
Qu'es-tu, près de ma nuit d'éternelle longueur ?
Tu regardais dormir ma belle négligence...
Mais avec mes périls, je suis d'intelligence,
Plus versatile, ô Thyrse, et plus perfide qu'eux.
Fuis-moi ! du noir retour reprends le fil visqueux !
Va chercher des yeux clos pour tes danses massives.
Coule vers d'autres lits tes robes successives,
Couve sur d'autres cœurs les germes de leur mal,
Et que dans les anneaux de ton rêve animal
Halète jusqu'au jour l'innocence anxieuse !...
Moi, je veille. Je sors, pâle et prodigieuse,
Toute humide des pleurs que je n'ai point versés,
D'une absence aux contours de mortelle bercés
Par soi seule... Et brisant une tombe sereine,
Je m'accoude inquiète et pourtant souveraine,
Tant de mes visions parmi la nuit et l'œil,
Les moindres mouvements consultent mon orgueil. »

Mais je tremblais de perdre une douleur divine!
Je baisais sur ma main cette morsure fine,
Et je ne savais plus de mon antique corps
Insensible, qu'un feu qui brûlait sur mes bords :

Adieu, pensai-je, MOI, mortelle sœur, mensonge...

Harmonieuse MOI, différente d'un songe,
Femme flexible et ferme aux silences suivis
D'actes purs!... Front limpide, et par ondes ravis,
Si loin que le vent vague et velu les achève,
Longs brins légers qu'au large un vol mêle et soulève,
Dites!... J'étais l'égale et l'épouse du jour,
Seul support souriant que je formais d'amour
A la toute-puissante altitude adorée...

Quel éclat sur mes cils aveuglément dorée.
Ô paupières qu'opprime une nuit de trésor,
Je priais à tâtons dans vos ténèbres d'or!
Poreuse à l'éternel qui me semblait m'enclore,
Je m'offrais dans mon fruit de velours qu'il dévore;
Rien ne me murmurait qu'un désir de mourir
Dans cette blonde pulpe au soleil pût mûrir :
Mon amère saveur ne m'était point venue.
Je ne sacrifiais que mon épaule nue
A la lumière; et sur cette gorge de miel,
Dont la tendre naissance accomplissait le ciel,
Se venait assoupir la figure du monde.
Puis, dans le dieu brillant, captive vagabonde,

Je m'ébranlais brûlante et foulais le sol plein,
Liant et déliant mes ombres sous le lin.
Heureuse! A la hauteur de tant de gerbes belles,
Qui laissait à ma robe obéir les ombelles,
Dans les abaissements de leur frêle fierté
Et si, contre le fil de cette liberté,
Si la robe s'arrache à la rebelle ronce,
L'arc de mon brusque corps s'accuse et me prononce,
Nu sous le voile enflé de vivantes couleurs
Que dispute ma race aux longs liens de fleurs!

Je regrette à demi cette vaine puissance...
Une avec le désir, je fus l'obéissance
Imminente, attachée à ces genoux polis;
De mouvements si prompts mes vœux étaient remplis
Que je sentais ma cause à peine plus agile!
Vers mes sens lumineux nageait ma blonde argile,
Et dans l'ardente paix des songes naturels,
Tous ces pas infinis me semblaient éternels.
Si ce n'est, ô Splendeur, qu'à mes pieds l'Ennemie,
Mon ombre! la mobile et la souple momie,
De mon absence peinte effleurait sans effort
La terre où je fuyais cette légère mort.
Entre la rose et moi, je la vois qui s'abrite;
Sur la poudre qui danse, elle glisse et n'irrite
Nul feuillage, mais passe, et se brise partout...
Glisse! Barque funèbre...

                    Et moi vive, debout,
Dure, et de mon néant secrètement armée,
Mais, comme par l'amour une joue enflammée,
Et la narine jointe au vent de l'oranger,
Je ne rends plus au jour qu'un regard étranger...
Oh! combien peut grandir dans ma nuit curieuse
De mon cœur séparé la part mystérieuse,
Et de sombres essais s'approfondir mon art!...
Loin des purs environs, je suis captive, et par
L'évanouissement d'arômes abattue,
Je sens sous les rayons, frissonner ma statue,
Des caprices de l'or, son marbre parcouru.
Mais je sais ce que voit mon regard disparu;
Mon œil noir est le seuil d'infernales demeures!
Je pense, abandonnant à la brise les heures
Et l'âme sans retour des arbustes amers,
Je pense, sur le bord doré de l'univers,
A ce goût de périr qui prend la Pythonisse
En qui mugit l'espoir que le monde finisse.
Je renouvelle en moi mes énigmes, mes dieux,
Mes pas interrompus de paroles aux cieux,
Mes pauses, sur le pied portant la rêverie.
Qui suit au miroir d'aile un oiseau qui varie,
Cent fois sur le soleil joue avec le néant,
Et brûle, au sombre but de mon marbre béant.

Ô dangereusement de son regard la proie!

Car l'œil spirituel sur ses plages de soie

Avait déjà vu luire et pâlir trop de jours
Dont je m'étais prédit les couleurs et le cours.
L'ennui, le clair ennui de mirer leur nuance,
Me donnait sur ma vie une funeste avance :
L'aube me dévoilait tout le jour ennemi.
J'étais à demi morte; et peut-être, à demi
Immortelle, rêvant que le futur lui-même
Ne fût qu'un diamant fermant le diadème
Où s'échange le froid des malheurs qui naîtront
Parmi tant d'autres feux absolus de mon front.

Osera-t-il, le Temps, de mes diverses tombes,
Ressusciter un soir favori des colombes,
Un soir qui traîne au fil d'un lambeau voyageur
De ma docile enfance un reflet de rougeur,
Et trempe à l'émeraude un long rose de honte ?

Souvenir, ô bûcher, dont le vent d'or m'affronte,
Souffle au masque la pourpre imprégnant le refus
D'être en moi-même en flamme une autre que je fus...
Viens, mon sang, viens rougir la pâle circonstance
Qu'ennoblissait l'azur de la sainte distance,
Et l'insensible iris du temps que j'adorai!
Viens consumer sur moi ce don décoloré;
Viens! que je reconnaisse et que je les haïsse,
Cette ombrageuse enfant, ce silence complice,
Ce trouble transparent qui baigne dans les bois...
Et de mon sein glacé rejaillisse la voix
Que j'ignorais si rauque et d'amour si voilée...

Le col charmant cherchant la chasseresse ailée.

Mon cœur fut-il si près d'un cœur qui va faiblir ?

Fut-ce bien moi, grands cils, qui crus m'ensevelir
Dans l'arrière douceur riant à vos menaces...
Ô pampres ! sur ma joue errant en fils tenaces,
Ou toi... de cils tissue et de fluides fûts,
Tendre lueur d'un soir brisé de bras confus ?

« Que dans le ciel placés, mes yeux tracent mon temple !
Et que sur moi repose un autel sans exemple ! »

Criaient de tout mon corps la pierre et la pâleur...
La terre ne m'est plus qu'un bandeau de couleur
Qui coule et se refuse au front blanc de vertige...
Tout l'univers chancelle et tremble sur ma tige,
La pensive couronne échappe à mes esprits,
La mort veut respirer cette rose sans prix
Dont la douceur importe à sa fin ténébreuse !

Que si ma tendre odeur grise ta tête creuse,
Ô mort, respire enfin cette esclave de roi :
Appelle-moi, délie !... Et désespère-moi,
De moi-même si lasse, image condamnée !
Écoute... N'attends plus... La renaissante année
A tout mon sang prédit de secrets mouvements :
Le gel cède à regret ses derniers diamants...

Demain, sur un soupir des Bontés constellées,
Le printemps vient briser les fontaines scellées :
L'étonnant printemps rit, viole... On ne sait d'où
Venu? Mais la candeur ruisselle à mots si doux
Qu'une tendresse prend la terre à ses entrailles...
Les arbres regonflés et recouverts d'écailles
Chargés de tant de bras et de trop d'horizons,
Meuvent sur le soleil leurs tonnantes toisons,
Montent dans l'air amer avec toutes leurs ailes
De feuilles par milliers qu'ils se sentent nouvelles...
N'entends-tu pas frémir ces noms aériens,
Ô Sourde!... Et dans l'espace accablé de liens,
Vibrant de bois vivace infléchi par la cime,
Pour et contre les dieux ramer l'arbre unanime,
La flottante forêt de qui les rudes troncs
Portent pieusement à leurs fantasques fronts,
Aux déchirants départs des archipels superbes,
Un fleuve tendre, ô mort, et caché sous les herbes?

Quelle résisterait, mortelle, à ces remous?
Quelle mortelle?

                    Moi si pure, mes genoux
Pressentent les terreurs de genoux sans défense...
L'air me brise. L'oiseau perce de cris d'enfance
Inouïs... l'ombre même où se serre mon cœur,
Et roses! mon soupir vous soulève, vainqueur
Hélas! des bras si doux qui ferment la corbeille...
Oh! parmi mes cheveux pèse d'un poids d'abeille,
Plongeant toujours plus ivre au baiser plus aigu,

Le point délicieux de mon jour ambigu...
Lumière!... Ou toi, la mort! Mais le plus prompt me
[prenne!...
Mon cœur bat! mon cœur bat! Mon sein brûle et
[m'entraîne!
Ah! qu'il s'enfle, se gonfle et se tende, ce dur
Très doux témoin captif de mes réseaux d'azur...
Dur en moi... mais si doux à la bouche infinie!...

Chers fantômes naissants dont la soif m'est unie,
Désirs! Visages clairs!... Et vous, beaux fruits d'amour,
Les dieux m'ont-ils formé ce maternel contour
Et ces bords sinueux, ces plis et ces calices,
Pour que la vie embrasse un autel de délices,
Où mêlant l'âme étrange aux éternels retours,
La semence, le lait, le sang coulent toujours?
Non! L'horreur m'illumine, exécrable harmonie!
Chaque baiser présage une neuve agonie...
Je vois, je vois flotter, fuyant l'honneur des chairs
Des mânes impuissants les millions amers...
Non, souffles! Non, regards, tendresses... mes convives,
Peuple altéré de moi suppliant que tu vives,
Non, vous ne tiendrez pas de moi la vie!... Allez,
Spectres, soupirs la nuit vainement exhalés,
Allez joindre des morts les impalpables nombres!
Je n'accorderai pas la lumière à des ombres,
Je garde loin de vous, l'esprit sinistre et clair...
Non! Vous ne tiendrez pas de mes lèvres l'éclair!...
Et puis... mon cœur aussi vous refuse sa foudre.
J'ai pitié de nous tous, ô tourbillons de poudre!

Grands Dieux! Je perds en vous mes pas déconcertés!

Je n'implorerai plus que tes faibles clartés,
Longtemps sur mon visage envieuse de fondre,
Très imminente larme, et seule à me répondre,
Larme qui fais trembler à mes regards humains
Une variété de funèbres chemins;
Tu procèdes de l'âme, orgueil du labyrinthe,
Tu me portes du cœur cette goutte contrainte,
Cette distraction de mon suc précieux
Qui vient sacrifier mes ombres sur mes yeux,
Tendre libation de l'arrière-pensée!
D'une grotte de crainte au fond de moi creusée
Le sel mystérieux suinte muette l'eau.
D'où nais-tu? Quel travail toujours triste et nouveau
Te tire avec retard, larme, de l'ombre amère?
Tu gravis mes degrés de mortelle et de mère,
Et déchirant ta route, opiniâtre faix,
Dans le temps que je vis, les lenteurs que tu fais
M'étouffent... Je me tais, buvant ta marche sûre...
— Qui t'appelle au secours de ma jeune blessure!

Mais blessures, sanglots, sombres essais, pourquoi?
Pour qui, joyaux cruels, marquez-vous ce corps froid,
Aveugle aux doigts ouverts évitant l'espérance!
Où va-t-il, sans répondre à sa propre ignorance,
Ce corps dans la nuit noire étonné de sa foi?
Terre trouble... et mêlée à l'algue, porte-moi,
Porte doucement moi... Ma faiblesse de neige
Marchera-t-elle tant qu'elle trouve son piège?
Où traîne-t-il, mon cygne, où cherche-t-il son vol?
... Dureté précieuse... O sentiment du sol,
Mon pas fondait sur toi l'assurance sacrée!
Mais sous le pied vivant qui tâte et qui la crée
Et touche avec horreur à son pacte natal,

Cette terre si ferme atteint mon piédestal.
Non loin, parmi ces pas, rêve mon précipice...
L'insensible rocher, glissant d'algues, propice
A fuir (comme en soi-même ineffablement seul),
Commence... Et le vent semble au travers d'un linceul
Ourdir de bruits marins une confuse trame,
Mélange de la lame en ruine, et de rame...
Tant de hoquets longtemps, et de râles heurtés,
Brisés, repris au large... et tous les sorts jetés
Éperdument divers roulant l'oubli vorace...

Hélas! de mes pieds nus qui trouvera la trace
Cessera-t-il longtemps de ne songer qu'à soi?

Terre trouble, et mêlée à l'algue, porte-moi!

Mystérieuse MOI, pourtant, tu vis encore!
Tu vas te reconnaître au lever de l'aurore
Amèrement la même...
                        Un miroir de la mer
Se lève... Et sur la lèvre, un sourire d'hier
Qu'annonce avec ennui l'effacement des signes,
Glace dans l'orient déjà les pâles lignes
De lumière et de pierre, et la pleine prison
Où flottera l'anneau de l'unique horizon...
Regarde : un bras très pur est vu, qui se dénude.
Je te revois, mon bras... Tu portes l'aube...

                                        O rude

Réveil d'une victime inachevée... et seuil
Si doux... si clair, que flatte, affleurement d'écueil,
L'onde basse, et que lave une houle amortie!...
L'ombre qui m'abandonne, impérissable hostie,
Me découvre vermeille à de nouveaux désirs,
Sur le terrible autel de tous mes souvenirs.

Là, l'écume s'efforce à se faire visible;
Et là, titubera sur la barque sensible
A chaque épaule d'onde, un pêcheur éternel.
Tout va donc accomplir son acte solennel
De toujours reparaître incomparable et chaste,
Et de restituer la tombe enthousiaste
Au gracieux état du rire universel.

Salut! Divinités par la rose et le sel,
Et les premiers jouets de la jeune lumière,
Iles!... Ruches bientôt, quand la flamme première
Fera que votre roche, îles que je prédis,
Ressente en rougissant de puissants paradis;
Cimes qu'un feu féconde à peine intimidées,
Bois qui bourdonnerez de bêtes et d'idées,
D'hymnes d'hommes comblés des dons du juste éther,
Iles! dans la rumeur des ceintures de mer,
Mères vierges toujours, même portant ces marques,
Vous m'êtes à genoux de merveilleuses Parques :
Rien n'égale dans l'air les fleurs que vous placez,
Mais dans la profondeur, que vos pieds sont glacés!

De l'âme les apprêts sous la tempe calmée,
Ma mort, enfant secrète et déjà si formée,
Et vous, divins dégoûts qui me donniez l'essor,
Chastes éloignements des lustres de mon sort,
Ne fûtes-vous, ferveur, qu'une noble durée?
Nulle jamais des dieux plus près aventurée
N'osa peindre à son front leur souffle ravisseur,
Et de la nuit parfaite implorant l'épaisseur,
Prétendre par la lèvre au suprême murmure.

Je soutenais l'éclat de la mort toute pure
Telle j'avais jadis le soleil soutenu...
Mon corps désespéré tendait le torse nu
Où l'âme, ivre de soi, de silence et de gloire,
Prête à s'évanouir de sa propre mémoire,
Écoute, avec espoir, frapper au mur pieux
Ce cœur, — qui se ruine à coups mystérieux
Jusqu'à ne plus tenir que de sa complaisance
Un frémissement fin de feuille, ma présence...

Attente vaine, et vaine... Elle ne peut mourir
Qui devant son miroir pleure pour s'attendrir.

Ô n'aurait-il fallu, folle, que j'accomplisse
Ma merveilleuse fin de choisir pour supplice

Ce lucide dédain des nuances du sort?
Trouveras-tu jamais plus transparente mort
Ni de pente plus pure où je rampe à ma perte
Que sur ce long regard de victime entr'ouverte,
Pâle, qui se résigne et saigne sans regret?
Que lui fait tout le sang qui n'est plus son secret?
Dans quelle blanche paix cette pourpre la laisse,
A l'extrême de l'être et belle de faiblesse!
Elle calme le temps qui la vient abolir,
Le moment souverain ne la peut plus pâlir,
Tant la chair vide baise une sombre fontaine!...
Elle se fait toujours plus seule et plus lointaine...
Et moi, d'un tel destin, le cœur toujours plus près,
Mon cortège, en esprit, se berçait de cyprès...
Vers un aromatique avenir de fumée,
Je me sentais conduite, offerte et consumée,
Toute, toute promise aux nuages heureux!
Même, je m'apparus cet arbre vaporeux,
De qui la majesté légèrement perdue
S'abandonne à l'amour de toute l'étendue.
L'être immense me gagne, et de mon cœur divin
L'encens qui brûle expire une forme sans fin...
Tous les corps radieux tremblent dans mon essence!...

Non, non!... N'irrite plus cette réminiscence!
Sombre lys! Ténébreuse allusion des cieux,
Ta vigueur n'a pu rompre un vaisseau précieux...
Parmi tous les instants tu touchais au suprême...
— Mais qui l'emporterait sur la puissance même,
Avide par tes yeux de contempler le jour
Qui s'est choisi ton front pour lumineuse tour?

Cherche, du moins, dis-toi, par quelle sourde suite

La nuit, d'entre les morts, au jour t'a reconduite?
Souviens-toi de toi-même, et retire à l'instinct
Ce fil (ton doigt doré le dispute au matin),
Ce fil dont la finesse aveuglément suivie
Jusque sur cette rive a ramené ta vie...
Sois subtile... cruelle... ou plus subtile!... Mens!...
Mais sache!... Enseigne-moi par quels enchantements,
Lâche que n'a su fuir sa tiède fumée,
Ni le souci d'un sein d'argile parfumée,
Par quel retour sur toi, reptile, as-tu repris
Tes parfums de caverne et tes tristes esprits?

Hier la chair profonde, hier, la chair maîtresse
M'a trahie... Oh! sans rêve, et sans une caresse!...
Nul démon, nul parfum ne m'offrit le péril
D'imaginaires bras mourant au col viril;
Ni, par le Cygne-Dieu, de plumes offensée
Sa brûlante blancheur n'effleura ma pensée...

Il eût connu pourtant le plus tendre des nids!
Car toute à la faveur de mes membres unis,
Vierge, je fus dans l'ombre une adorable offrande...
Mais le sommeil s'éprit d'une douceur si grande,
Et nouée à moi-même au creux de mes cheveux,
J'ai mollement perdu mon empire nerveux.
Au milieu de mes bras, je me suis faite une autre...
Qui s'aliène?... Qui s'envole?... Qui se vautre?...
A quel détour caché, mon cœur s'est-il fondu?
Quelle conque a redit le nom que j'ai perdu?

Le sais-je, quel reflux traître m'a retirée
De mon extrémité pure et prématurée,
Et m'a repris le sens de mon vaste soupir ?
Comme l'oiseau se pose, il fallut m'assoupir.

Ce fut l'heure, peut-être, où la devineresse
Intérieure s'use et se désintéresse :
Elle n'est plus la même... Une profonde enfant
Des degrés inconnus vainement se défend,
Et redemande au loin ses mains abandonnées.
Il faut céder aux vœux des mortes couronnées
Et prendre pour visage un souffle...
                                        Doucement,
Me voici : mon front touche à ce consentement...
Ce corps, je lui pardonne, et je goûte à la cendre.
Je me remets entière au bonheur de descendre,
Ouverte aux noirs témoins, les bras suppliciés,
Entre des mots sans fin, sans moi, balbutiés.
Dors, ma sagesse, dors. Forme-toi cette absence ;
Retourne dans le germe et la sombre innocence,
Abandonne-toi vive aux serpents, aux trésors.
Dors toujours ! Descends, dors toujours ! Descends,
                                        [dors, dors !
(La porte basse c'est une bague... où la gaze
Passe... Tout meurt, tout rit dans la gorge qui jase...
L'oiseau boit sur ta bouche et tu ne peux le voir...
Viens plus bas, parle bas... Le noir n'est pas si noir...)

Délicieux linceuls, mon désordre tiède,
Couche où je me répands, m'interroge et me cède,
Où j'allai de mon cœur noyer les battements,
Presque tombeau vivant dans mes appartements,
Qui respire, et sur qui l'éternité s'écoute,
Place pleine de moi qui m'avez prise toute,
O forme de ma forme et la creuse chaleur
Que mes retours sur moi reconnaissaient la leur,
Voici que tant d'orgueil qui dans vos plis se plonge
A la fin se mélange aux bassesses du songe!
Dans vos nappes, où lisse elle imitait sa mort
L'idole malgré soi se dispose et s'endort,
Lasse femme absolue, et les yeux dans ses larmes,
Quand, de ses secrets nus les antres et les charmes,
Et ce reste d'amour que se gardait le corps
Corrompirent sa perte et ses mortels accords.
Arche toute secrète, et pourtant si prochaine,
Mes transports, cette nuit, pensaient briser ta chaîne;
Je n'ai fait que bercer de lamentations
Tes flancs chargés de jour et de créations!
Quoi! mes yeux froidement que tant d'azur égare
Regardent là périr l'étoile fine et rare,
Et ce jeune soleil de mes étonnements
Me paraît d'une aïeule éclairer les tourments,
Tant sa flamme aux remords ravit leur existence,
Et compose d'aurore une chère substance
Qui se formait déjà substance d'un tombeau!...
O, sur toute la mer, sur mes pieds, qu'il est beau!
Tu viens!... Je suis toujours celle que tu respires,
Mon voile évaporé me fuit vers tes empires...

... Alors, n'ai-je formé, vains adieux si je vis,
Que songes?... Si je viens, en vêtements ravis,

Sur ce bord, sans horreur, humer la haute écume,
Boire des yeux l'immense et riante amertume,
L'être contre le vent, dans le plus vif de l'air,
Recevant au visage un appel de la mer ;
Si l'âme intense souffle, et renfle furibonde
L'onde abrupte sur l'onde abattue, et si l'onde
Au cap tonne, immolant un monstre de candeur,
Et vient des hautes mers vomir la profondeur
Sur ce roc, d'où jaillit jusque vers mes pensées
Un éblouissement d'étincelles glacées,
Et sur toute ma peau que morde l'âpre éveil,
Alors, malgré moi-même, il le faut, ô Soleil,
Que j'adore mon cœur où tu te viens connaître,
Doux et puissant retour du délice de naître,
Feu vers qui se soulève une vierge de sang
Sous les espèces d'or d'un sein reconnaissant !

L'Ange

Une manière d'ange était assis sur le bord d'une fontaine. Il s'y mirait, et se voyait Homme, et en larmes, et il s'étonnait à l'extrême de s'apparaître dans l'onde nue cette proie d'une tristesse infinie.

(Ou si l'on veut, il y avait une Tristesse en forme d'Homme qui ne se trouvait pas sa cause dans le ciel clair.)

La figure qui était sienne, la douleur qui s'y peignait, lui semblaient tout étrangères. Une apparence si misérable intéressait, exerçait, interrogeait en vain sa substance spirituelle merveilleusement pure.

— « Ô mon Mal, *disait-il*, que m'êtes-vous ? »

Il essayait de se sourire : il se pleurait. Cette infidélité de son visage confondait son intelligence parfaite ; et cet air si particulier qu'il observait, une affection si accidentelle de ses traits, leur expression tellement inégale à l'universalité de sa connaissance limpide, en blessaient mystérieusement l'unité.

— « Je n'ai pas sujet de pleurer, *disait-il*, et même, je ne puis en avoir. »

Le Mouvement de sa Raison dans sa lumière d'éternelle attente trouvait une question inconnue suspendre son opération infaillible, car ce qui cause la douleur dans nos natures inexactes ne fait naître qu'une question chez les essences absolues ; — cependant que, pour nous, toute question est ou sera douleur.

— « Qui donc est celui-ci qui s'aime tant qu'il se tourmente ? *disait-il.* Je comprends toute chose ; et pourtant, je vois bien que je souffre. Ce visage est bien mon visage ; ces pleurs, mes pleurs... Et pourtant, ne suis-je pas cette puissance de transparence de qui ce visage et ces pleurs, et leur cause, et ce qui dissiperait cette cause, ne sont que d'imperceptibles grains de durée ? »

Mais ces pensées avaient beau se produire et propager dans toute la plénitude de la sphère de la pensée, les similitudes se répondre, les contrastes se déclarer et se résoudre, et le miracle de la clarté incessamment s'accomplir, et toutes les Idées étinceler à la lueur de chacune d'entre elles, comme les joyaux qu'elles sont de la couronne de la connaissance unitive, rien toutefois qui fût de l'espèce d'un mal ne paraissait à son regard sans défaut, rien par quoi s'expliquât ce visage de détresse et ces larmes qu'il lui voyait à travers les larmes.

— « Ce que je suis de pur, *disait-il,* Intelligence qui consume sans effort toute chose créée, sans qu'aucune en retour ne l'affecte ni ne l'altère, ne peut point se reconnaître dans ce visage porteur de pleurs, dans ces yeux dont la lumière qui les compose est comme attendrie par l'humide imminence de leurs larmes. »

— « Et comment se peut-il que pâtisse à ce point ce bel éploré qui est à moi, et qui est de moi, puisqu'enfin je vois tout ce qu'il est, car je suis connaissance de toute chose, et que l'on ne peut souffrir que pour en ignorer quelqu'une?

« Ô mon étonnement, *disait-il*, Tête charmante et triste, il y a donc autre chose que la lumière? »

Et il s'interrogeait dans l'univers de sa substance spirituelle merveilleusement pure, où toutes les idées vivaient également distantes entre elles et de lui-même, et dans une telle perfection de leur harmonie et promptitude de leurs correspondances, qu'on eût dit qu'il eût pu s'évanouir, et le système, étincelant comme un diadème, de leur nécessité simultanée subsister par soi seul dans sa sublime plénitude.

Et pendant une éternité, il ne cessa de connaître et de ne pas comprendre.

Mai 1945.

Agathe

Plus je pense, plus je pense ; si, peu à peu nouveaux, je vois tous les êtres connus devenir étonnants dans moi-même, et ensuite mieux connus. Tout à coup je les ai conçus lentement ; et, quand ils disparaissent, c'est sans peine.

Je suis changeant dans l'ombre, dans un lit. Une idée devenue sans commencement, se fait claire, mais fausse, mais pure, puis vide ou immense ou vieille : elle devient même nulle, pour s'élever à l'inattendu et elle amène tout mon esprit.

Mon corps connaît à peine que les masses tranquilles et vagues de ma couche le lèvent : là-dessus, ma chair régnant regarde et mélange l'obscurité. Je fixe, j'ébranle, je perds, par le mouvement de mes yeux, quelque centre dans l'espace sans lumière, et rien du groupe noir ne bouge.

Il en résulte qu'une lueur tout près de moi, paraît.

Sur le nu ou le velours de l'esprit ou du minuit, elle, de qui je doute, représente, par une faible valeur tardive, toute antérieure clarté ; seulement suffisante, elle porte parmi la ténèbre active, un reste léger du jour brillant,

pensé, presque pensant. Cette lueur pauvre se trans-
forme en une joue terne et passagère, bientôt physiono-
mie inutile souriant contre moi, prompte, elle-même bue
par la noirceur reprenant son éclat.

C'est mon fond que je touche. A ce nombre de figures
spontanées retourne toute invention, soit que recom-
mence, ici, loin de toute grandeur comparable, après un
laps indifférent, ayant suivi des chemins toujours perdus,
l'être fait pour l'oubli ; ou que reviennent séparés les
charmes diurnes et se défasse la constellation de formes
du jour général.

La noirceur imagine encore quelques fragments
d'étendue marine mince, les souffle, et une croupe glaciale
de cheval... Ma durée poursuit doucement la destruction
d'une suite de semblables foyers, nécessaires dans une
région anéantie.

Sur cette ombre sans preuve, j'écris comme avec le
phosphore, de mourantes formules que je veux ; et quand
je suis au bout, près de les reprendre, je dois toujours
les tracer encore, car elles s'endorment à mesure que je
les nourris, avant que je les altère. Si, une fois je les
presse et surpasse la vitesse de leur mort ; que je
puisse les retenir en vue suspendues apparentes au-
dessus de l'horizon de plusieurs moments, par effort
j'ai cru les approfondir, et ne fais que passer enfin à des
formes nouvelles dont la liaison avec les premières peut
sans cesse être demandée : ce qui mène je ne sais où,
infiniment et aussitôt.

Là, perdu que je suis, mais sans horreur et nouveau
mystérieusement, la perte monotone de pensée me pro-
longe, et m'oublie. Ces idoles qui se développent, par
une déformation insensible me transportent. Unique,

mon étonnement s'éloigne, parmi tant de fantômes qui s'ignorent entre eux.

A ce moment de moi, je distingue se détruire ce qui pense jusqu'à ce qui pensera. Un rien de temps manque à tous ces instants pour les sauver de la nullité; mais revenant de la profondeur trouvée amère, je m'embarque sur des bois délicieux.

Alors ressemblerais-je à celui qui dort, si je ne l'imitais point. Je berce ma vérité, je rêve ce que je suis.

Mes muscles mêlés à leur couche indéfinie, la force paraît une agitation de feuilles par l'air, à peine lue au loin.

Je commence d'appeler « mouvement » tout désir; et uni plus étroitement à l'exécution pure de la pensée, je visite chaque tendance jusqu'à son repos; je ne dessine que ce qui arrive; tout ce que je devine se colore; je suis partout où je serai.

Si je veux légèrement, je prononce une action immense, où ne se mélange aucune machine, et qui se déploie sans résistance devant mes moindres inclinations. A cause d'une liberté secrète, qui augmente, telle que je dédaigne la marche, la trace, et le poids particuliers, je délivre en moi-même une source d'agilité fidèle : je ranime toute nuance physique, et je dénoue la nage aux yeux mouillés, l'abondance d'une flexible paresse aux pieds fluides dans le plein de l'eau haute... Humain presque debout dans le ressort de la mer; drapé de vaste froid, et que l'entière grandeur presse, jusqu'aux épaules, jusqu'aux oreilles vaines de bruit qui varie; je touche encore l'absence étrange de sol, comme une origine de notions toutes nouvelles; et avec le reste de ma vigueur, je tremble. Ma puissance est désordonnée, ma faiblesse n'est plus la même. Cette facilité incompréhensible qui m'ébranle, me trouble et absorbe les travaux de tout mon corps : une hauteur plus glacée, cachée au-dessous de moi, me cède, et reviendra me boire dans quelque rêve.

Il ne m'en coûte rien d'appartenir à ces abîmes, assez véritables de profondeur, et assez vains par leur durée, pour que je sente toute leur force, entre deux fois que je connais la mienne. Je réponds à ce grand calme qui m'entoure, par les actes les plus étendus, jusqu'à des monstres de mouvement et de changement. Qu'est-ce qui se renverse avec bonheur, dans le repos, et se détache? Qui se joue et circule sans habitude, sans origine et sans nom? QUI interroge? Le même répond. Le même écrit, efface une même ligne. Ce ne sont que des écritures sur des eaux.

Une fois que mon pouvoir s'est trompé, je le possède plus que jamais.

A cette heure qui ne compte pas qu'importe toute mon histoire? Je la méprise comme un livre. Mais c'est ici l'occasion pure : défaire du souvenir l'ordre mortel, annuler mon expérience, illuminer ce qui fut indifférent, et par un simple songe nocturne, me déprendre tout à fait, y méconnaître ma propre forme. Tout me semble partiel. Au milieu de cette extension, je gouverne mon esprit vers le hasard, et autre que le dormeur, je m'abandonne clairement.

Visibles, déjà, sont toutes transformations, et la certitude infinie, étant infiniment divisée. Les sentiments qui furent graves montrent leur mort uniforme. Absente est l'attente continue de la suite de la connaissance; je n'entends plus le murmure de la profonde, intarissable sibylle qui calcule sans cesse les éléments de l'avenir le plus proche, et qui additionne obscurément les éléments de la durée; au dernier connu le premier inconnu, sans faute, sans retour. C'était une prévision toujours coulante, commençant le nouveau fatal par une intime conséquence de chaque instant, et qui faisait paraître lucide l'ensemble des jours naturels par une imperceptible préparation de leurs changements. Je ne ressens plus la difficulté intérieure. Tout se fait sans étonnement, puisque les ressorts de la surprise sont détendus. Les êtres les plus éloignés se touchent sans que leurs contacts me rendent extraordinaire. Le comprendre n'a plus de proie; et aucune solidité singulière ne marque certaines notions.

Cette dérive, différente d'un songe, approche tant que je veux des secrets du sommeil, — sauf que, légère ou fruste, jusqu'en ce clos unique où mes êtres quelconques se consument à l'égal, — entre quelque chose indépendante : le bruit, ou des ondes enveloppant la distance. Au large, se meurt, si je ne la forme, une masse capitale de boue et de feux.

L'extrémité de la rumeur de la ville pénètre dans ma sphère singulière. C'est le moment que tout se fixe, et que le retentissement se décime. Les derniers changements se comptent. Un domaine extérieur démesuré se dépouille de l'existence.

L'ouïe se délie; jusqu'à l'étendue, et elle surplombe un lieu qui se fait immense. Une créature de plus en plus fine se penche sur le vide pour boire le moindre son : j'approfondis par elle un espace que le possible souffle et je vole! comme nul son n'arrête ce désir de son, à la limite du suspens de moi-même, — jusqu'au timbre de mon sang et à l'animation de ma propre durée.

Tant le silence se fixe et la nuit se fortifie, qu'ils m'éveillent de plus en plus.

Que pur est le désir de demain, le chemin de moi-même vers demain! Je sens sur le front du temps fuir le vague, l'événement venir, sa vigueur, sa langueur, l'expérience fondre, et le voyage reparaître, aussi pur, aussi dur que lui-même, orné de perpétuel intellect. La nouveauté se verse d'avance, par un tour plus insensible que l'angle de la figure du ciel...

Tu te connais à reculons. Tu transportes *en arrière* un pouvoir, une sorte de discernement; et n'étant éclairé que dans la direction opposée à ta route, tu divises ce qui est accompli, tu n'agis que ce qui est achevé.

Une fois, j'avais réfléchi sur un nombre magnifique de sujets: mais maintenant je suis si tranquille qu'il me semble d'être séparé, et comme suspendu entre ce nombre fini, et une masse tout entière prochaine, qui sera peut-être sans combinaison avec lui. Tout problème est tendu par ces deux parties différentes, dont l'intervalle forme comme une interrogation naturelle. Tout ce que je sais tire à soi tout ce que j'ignore; mais pendant que je pense unir dans le milieu de la région plus vague, des idées que je contiens distinctes encore, il me souvient que je puis corrompre toute évidence, obscurcir ce que je veux, et non sûrement éclairer ce que je veux, j'ai toujours plus d'une manière de m'échapper de ma certitude.

La qualité de ce calme est tellement transparente que si je suis mû par quelques moments autour de la même pensée, je distingue de leur simple diversité, cette pensée; je vois comme elle se passe, je pressens ses retours, je balance le pouvoir d'en couper la suite, et, interrompue, de simuler un certain commencement.

Ou bien, je m'avance par une idée jusqu'à une borne déjà connue où je fus conduit de toutes parts uniquement par la rigueur, et je suis abandonné à la difficulté nue; qui, elle, même, ne pouvant se transformer plus, et pure, m'abandonne par son immobilité pour que le reste musical de mon esprit m'envahisse. Il m'a semblé de revenir sur le bord d'un cercle impénétrable, dans lequel je suis sûr qu'il y a une chose dont je pourrais m'amuser longtemps : quelque chose brève et universelle : une perle abstraite roulerait future dans le repli de la pensée ordinaire : une loi étonnante, confondue à celui qui la cherche, habiterait ceci : un instant livrerait cette perle : quelques mots la présenteraient à toujours.

Que ce soit une grande clarté, à jamais latérale, ou un être intact comme le centre d'une orbite, sa place ne donne point d'image, ni aucun doute. Extérieure à tout chemin, inconnue à toute violence, elle est gisant hors de toute figure et de toute ressemblance, en pleine certitude; comme un bloc est tranquille à une ligne de doigts vivants.

J'ai d'elle le désir; le soupçon; le lieu vague; les conséquences : seulement les fantastiques. Ni sa forme ou puissance, mais j'en découvre infiniment le manque, et déjà, de ce manque, je me suis fait un signe utile.

Des fois, laissant de chercher, je suppose que je trouve, j'agite avec bonheur ce qui n'est pas encore vrai : je remue en moi-même les innombrables chances de la méditation, et prophétise; parce qu'une sorte de réponse légère, visiblement fragile, accompagne les problèmes au moment qu'ils apparaissent : tous ne se montrent que dans l'alliance d'une solution provisoire ailée, où le sentiment de la véritable commence.

Invente les effets de quelque créature extrêmement désirée de l'esprit : vue une fois, elle absorberait dans une fixité splendide n'importe quelle pensée pouvant venir après elle; de sorte que toute nouveauté en devrait être affaiblie. Elle serait, d'abord, si satisfaisante que la plus grande *distraction* pourrait seule s'y substituer tout de suite : je saurais que nous nous reverrions : ce n'est que la règle du jeu; je gagne, je perds, et il y a un lien...

J'en suis proche peut-être, et je touche des lois : dans cette enveloppe parfaite nocturne, où chaque pensée se module, tourne en observation d'elle-même, traînant une valeur après soi; quand de mes sens également déserts, la noire et délicate unité paraît si facilement étendue, que les plus profondes déductions, les visites les plus internes y finissent de leur propre opération, parmi mon entière puissance attentive, au milieu d'une limpidité identique. si toujours cette pureté se pouvait, isolant de l'imprévu l'exécution complète d'une pensée, permettant la séparation de ses aspects, et la division de la durée spirituelle en intervalles clairs, — bientôt, je ferais toutes mes idées irréductibles ou confondues.

Encore, je garde donc la variété de mon inquiétude : je maintiens en moi un désordre pour attirer mon propre pouvoir ou quelque dispersion qui l'attende.

Puisque, voluptueusement, la palpitation de l'espace multiple ne ravive plus qu'à peine ma chair; et que, volontairement je ne goûte plus d'idée isolée; l'ensemble de connaissances diverses, également imminentes qui me constitue; dominé, pressenti de haut, par le sens de ma propre antiquité, forme maintenant un système nul ou indifférent à ce qu'il vient produire ou approfondir, quand l'ombre imaginaire doucement cède à toute naissance, et c'est l'esprit ; si ce n'est que, bien étranges, bien seuls à la limite de cet univers, un doute, un trait, un souffle uniques, parfois s'échangent.

Ici, brille sur la paix : que l'à-propos est le maître du monde : liaison de l'idée avec le point de son apparition.

Une se lève d'elle-même, et se met à la place d'une autre ; nulle d'entre elles ne peut être plus importante que son heure.

Elles montent, originales ; dans un ordre insensé ; mystérieusement mues jusque vers le midi admirable de ma présence, où brûle, telle qu'elle est, la seule chose qui existe ; l'une quelconque.

Toute leur naturelle quantité est aussi : une d'entre elles.

Histoires brisées

AVERTISSEMENT

Il m'arrive, comme à chacun, de me faire des contes.

Ou plutôt il se fait des contes en moi. La marche crée, quand rien ne la précipite ni ne l'oblige à plus d'attention à ses pas qu'il n'en faut pour qu'ils aillent à peu près où l'on a pensé aller.

Il m'arrive, comme à plusieurs, mais rarement, de noter l'essentiel de ce qui m'est ainsi venu. Ce sont des « idées », des sujets », comme on dit ; parfois deux mots, un titre, un germe. Enfin, il arrive aussi que, revenu à mes papiers, je me mette à écrire ce qui s'était formé tout seul dans ma tête. Je l'écris comme si ce fût là le commencement d'un ouvrage. Mais je sais que l'ouvrage n'existera pas, je sens que j'ignore où il irait, et que l'ennui me prendrait si je m'appliquais à le conduire à quelque fin bien déterminée. Au bout de peu de lignes ou d'une page, j'abandonne, n'ayant saisi par l'écriture que ce qui m'avait surpris, amusé, intrigué, et je ne m'inquiète pas de demander à cette production spontanée de se prolonger, organiser et achever sous les exigences d'un art. Ici, intervient, d'ailleurs, ma sensibilité excessive à l'égard de l'*arbitraire*...

Toute œuvre littéraire est à chaque instant exposée

à l'*initiative* du lecteur. A chaque instant, celui-ci peut réagir à sa lecture en effectuant des substitutions qui affectent ou le détail de l'ouvrage ou son évolution. Le décor, le récit, le ton peuvent être plus ou moins altérés, avec conservation plus ou moins sensible de l'ensemble. Presque tout l'art consiste à faire oublier à ce lecteur son pouvoir personnel d'intervention, à devancer sa réaction par tous moyens, ou à la rendre très difficile par la rigueur et les perfections de la forme. Tout roman peut recevoir un ou plusieurs dénouements tout autres que celui qu'il offre; mais il est plus malaisé de modifier comme l'on veut un poème bien exécuté.

Cette sensation des possibilités, très forte chez moi, m'a toujours détourné de la voie du récit, et je regarde les fleuves que l'on écoule avec l'admiration d'un homme dont la contemplation et l'analyse d'un verre d'eau suffisent à absorber le temps et la curiosité.

Voici donc le recueil paradoxal de fragments, de commencements, de sujets qui se sont prononcés à diverses époques de ma vie, et dont je ne pense pas reprendre jamais le destin où je l'avais laissé.

J'y ai joint quelques pièces finies de caractère poétique.

C.A.L.Y.P.S.O.

CALYPSO à peine apparue au regard du jour sur le seuil de sa grotte marine, tout devenait ardent et amer dans les âmes, et tendre dans les yeux.

ELLE s'introduisait subtilement au monde visible, s'y risquant peu à peu avec mesure.

Par moments et mouvements de fragments admirables, son corps pur et parfait se proposait aux cieux, se déclarant enfin seul objet du soleil.

MAIS jamais n'allait si avant dans l'empire de la pleine lumière que tout son être se détachât du mystère des ombres d'où elle émanait.

ON eût dit qu'une puissance derrière elle la retînt de se livrer tout entière aux libertés de l'espace, et qu'elle dût, sous peine de la vie, demeurer à demi captive de cette force inconcevable, dont sa beauté n'était peut-être qu'une manière de pensée, ou la figure d'une Idée, ou l'entreprise d'un désir, qui s'incarnât dans cette CALYPSO, à la fois son organe et son acte, aventurée.

C'est par quoi, et par la prudence de ses manœuvres délicatement prononcées et reprises, et par toute sa chair frémissante et nacrée, elle faisait songer qu'elle fût je ne sais quelle part infiniment sensible de l'animal dont sa grotte eût été la conque inséparable.

Elle semblait tenir et appartenir à cette conque qui s'approfondissait en ténèbres que l'on devinait tapissées d'une substance vivante, dont l'épanouissement autour d'elle, sur la roche sombre des bords, l'environnait de festons frissonnants par fuites propagées et de plis curieusement irritables, d'où germaient des gouttes brillantes.

Calypso était comme la production naturelle de ce calice de chair humide entr'ouverte autour d'elle.

Calypso à peine apparue et formée sur le seuil de sa grotte marine, elle créait de l'amour dans la plénitude de l'étendue. Elle le recevait et le rendait avec une grâce, une énergie, une tendresse et une simplicité qui n'ont jamais été qu'à elle.

Mais non sans un caprice qui lui était, sans doute, une loi.

C'est qu'il arrivait toujours qu'elle se reprenait et retirait, sans que l'on pût jamais connaître la cause, ni prévoir l'événement de cette reprise funeste; et, quelquefois, elle se dérobait, fondait comme un reptile, à même l'étreinte la plus forte; et quelquefois se rétractait, aussi prompte et vive qu'une main qu'effleure un fer rouge s'arrache.

Et sur elle se refermait le manteau vivant de sa conque.

Il s'élevait aussitôt sous le ciel des malheurs et des maux incomparables. Toute la mer s'enflait et ruait contre le roc, brisant, sacrifiant sur lui un nombre énorme de ses ondes les plus hautes. Des naufrages se voyaient çà et là sur l'amplitude d'eau bouleversée. Elle grondait et frappait terriblement dans les cavités submergées de l'île, dont les antres mugissaient des blasphèmes abominables et des injures les plus obscènes, ou exhalaient des plaintes qui perçaient le cœur.

ROBINSON

LE ROBINSON OISIF, PENSIF, POURVU

Robinson avait assez assuré sa subsistance et presque pris ses aises dans son île.

Il s'était bâti un bon toit; il s'était fait des habits de palmes et de plumes, des bottes souples, un chapeau immense et léger. Il avait amené l'eau pure tout auprès de lui, jusque dans l'ombre de sa hutte où elle jasait comme un oiseau; ce chant faisant il n'était plus si solitaire. Le feu lui obéissait; il l'éveillait quand il voulait. Une multitude de poissons séchés et fumés pendaient aux membres de bois de la case; et de grandes corbeilles qu'il avait tressées étaient pleines de galettes grossières, si dures qu'elles pouvaient se garder éternellement.

Robinson se laissait oublier sa nudité première et les âpres commencements de solitude. Le temps qu'il allait nu et qu'il devait courir tout le jour après son dîner lui semblait déjà pâle et historique. Il voyait comme un rêve l'ère avant le naufrage.

Même il s'émerveillait à présent des propres œuvres

de ses mains. Ses travaux assemblés étonnaient déjà ses regards. Cet heureux Robinson se sentait l'héritier d'une lignée de Robinsons actifs et misérables plutôt que l'ouvrier unique et l'agent opiniâtre d'une si pleine prospérité. Il avait grand'peine à se concevoir l'auteur de cet ensemble qui le contentait, mais qui le dominait.

— Qu'y a-t-il en vérité de plus étranger à un créateur que le total (la plénitude) de son ouvrage? Il n'en a jamais connu que les desseins partiels, et les morceaux, et les degrés, et l'impression de ce qu'il a fait est tout autre que celle d'une chose entière et accomplie, et il ne connaît de sa perfection que les approches, les essais.

Une demeure bien assise, des conserves surabondantes, toutes les sûretés essentielles retrouvées, ont le loisir pour conséquence. Robinson au milieu de ses biens redevenait un homme, c'est-à-dire un animal indécis, un être qui ne peut se définir par les circonstances toutes seules.

Il respirait distraitement. Il ne savait quel fantôme poursuivre. Il était menacé de créer les lettres et les arts. Le soleil lui semblait trop beau et le rendait triste. Il eût presque inventé l'amour, s'il n'eût été si sage et puis si seul.

Contemplant des monceaux de nourriture durable, il croyait voir du temps de reste et des actes épargnés. Une caisse de biscuits, c'est tout un mois de paresse et de vie. Des pots de viande confite et des couffes de fibre bourrées de graines et de noix sont un trésor de quiétude; tout un hiver tranquille est en promesse dans leur parfum.

Dans la senteur puissante et rance des coffres et des

caissons de sa cambuse, Robinson humait avec l'ennui de son passé la certitude de son avenir. Il lui semblait que l'amas de ses richesses dégageait de l'oisiveté, et qu'il en émanât je ne sais quelle substance virtuelle de durée, comme il émane de certains métaux une sorte de chaleur naturelle.

Il songeait que les Égyptiens et quelques autres ont poussé l'instinct de la préservation du périssable, jusqu'à prétendre soustraire les morts à la décomposition.

Les mêmes, et bien des peuples avec eux, ont souhaité que les *âmes* aussi soient indestructibles. Mais ils n'ont pas vu que l'incorruptibilité, l'immortalité, l'existence indépendante du temps (c'est-à-dire des circonstances) implique l'insignifiance, l'indifférence, l'isolement parfait — l'inexistence.

C'est le plus grand triomphe de l'homme (et de quelques autres espèces) sur les choses, que d'avoir su *transporter jusqu'au lendemain les effets et les fruits du labeur de la veille*. L'humanité ne s'est lentement élevée que sur le tas de ce qui dure. Prévisions, provisions, peu à peu nous ont détachés de la rigueur de nos nécessités animales, et du mot-à-mot de nos besoins. Nous avons pu regarder autour de nous et au loin de notre personne si enracinée à la matière environnante. La nature d'ailleurs nous le suggérait : nous portons en nous-mêmes de quoi résister quelque peu à la chute. La graisse qui est sur nos membres nous permet de passer un temps de disette et d'attendre des jours meilleurs. La mémoire qui s'accroît et s'édifie dans l'épaisseur de nos âmes se tient prête à nous rendre ce que la mobilité universelle retire à chaque instant. (Notre industrie a imité ces modèles de réserves. Elle en fait des mémoires artificielles.)

Il y avait chez Robinson, traînant non loin de l'âtre, une vieille table de logarithmes sauvée des eaux qui perdait ses feuillets ou dans les flammes ou dans les usages. Les pages toutes dévorées de chiffres menus et qu'on eût juré couvertes de fourmis rangées en bataille, disaient dans leur naïf langage décimal que notre laborieuse espèce a su se constituer des économies de vérités, et des patrimoines de *résultats*. Les longues peines, les veilles de quelques-uns s'accumulent dans des écritures ingénieuses, et la patience et les mérites du petit nombre profitent à l'impatience de tous.

Il en est du travail prévoyant comme de l'habileté dans certains jeux, où tel coup bien joué dégage des cases et donne des libertés de manœuvre. Mais dans l'état de société, il arrive que l'habileté suffit, et ceci définit cet état.

La prévoyance donne du temps libre dans le futur.

Formation de potentiel.

Ceci revient à définir un point de vue duquel une quantité de temps apparaisse comme simultané et admette un arrangement, c'est-à-dire des *échanges entre ses moments*.

Il regrettait le temps qu'il avait peur, qu'il avait faim — la compagnie de ses besoins précis.

Besoins d'amour.

Amnésie due à un choc. Une lame sur la tête pendant le naufrage lui avait enlevé une partie de sa mémoire.

Robinson a oublié une *partie* de ce qu'il savait. Cette partie de forme irrégulière et bizarre comme un continent émergé dont le contour dépend seulement de la hauteur des eaux. Cf. marées.

Ilots de mémoire. Passages à pied sec.

Ile.

Marée du sommeil. Valeur variable.

Dieu perdu et retrouvé.

Lui intelligent ou bête — et dans le moindre, se souvenant d'être *plus*.

Monologue — évidemment.

Robinson dresse la carte de son état total. Sa situation. Bilan. Ses souvenirs, ses forces.

Œuvres complètes de Robinson.

Robinson.

Solitude.

Création du loisir. Conservation.

Temps vide. Ornement.

Danger de perdre tête, de perdre tout langage.

Lutte. Tragédie. Mémoire. Prière de Robinson.

Imagine des foules, des théâtres, des rues.

Tentation. Soif du pont de Londres.

Il veut écrire à des personnes imaginées, embrasse des arbres, parle tout seul. Crises de rire. Peu à peu n'est plus soi.

Il se développe en lui une horreur invincible du ciel, de la mer, de la nature.

Murmures de la forêt.

Un pied nu.

Psaumes de Robinson (spécialisation des morceaux oppositions réalisation).

Murmures de la forêt.

Robinson au milieu des oiseaux, papegeais, etc. Il croit entendre leur langage.

Tous ces oiseaux disent des sentences. Répétitions.

Les uns originaux.

Les autres répètent des vérités qui deviennent fausses par la répétition seule.

Le Robinson pensif.

(Manuel du Naufragé.)

Dieu et Robinson — (nouvel Adam) —

Tentation de Robinson.

Le pied marqué au sable lui fait croire à une femme.

Il imagine un Autre. Serait-ce un homme ou une femme ?

Robinson divisé — poème.

Coucher de soleil — Mer.

Le « Robinson pensif » — Système isolé.

— Le moment de la réflexion.

— Utilisation des rêves.

Théorie de la reconstitution. Les 3 doigts de références.

Mémoire.

De ce qu'il avait appris, ce qui demeure est ce qui convenait à sa substance.

Robinson
1) reconstitue des lectures.
2) les rejette.

Robinson reconstitue sans livre, sans écrit, sa vie intellectuelle. — Toute la musique qu'il a entendue lui revient — Même celle dont le souvenir ne lui était pas encore venu — revient. Sa mémoire se développe par la demande, et la solitude et le vide — Il est penché sur elle. Il retrouve des livres lus — note ce qui lui en revient. Ces notes sont bien curieuses.

Enfin le voici qui *prolonge* et crée à la suite.

Ce Robinson doit voir et traiter « sub specie intellectus » les choses humaines.

Par exemple les querelles littéraires et sa méthode consistera à *expliciter*, à développer l'implexe. — *Ce qu'il faut pour que* telle chose soit.

Exemple : le furieux, le blessé, l'irrité, le jaloux qui crient (pour qui a des oreilles) à l'objet de leur envie ou haine :

— Tu passeras — tu seras effacé — puisqu'il *faut*

que je sois, il faut que ce soit *Moi* qui tienne dans l'opi-
nion de ceux que je sais des ombres vaines — la place
que tu y tiens — et autres folies.

Ce Robinson voit sur l'écran de la solitude.

Hommes charmants et intelligents de toutes nations.
Êtres faits pour vous entendre, pour entretenir réci-
proquement vos pensées, vous êtes esclaves et victimes
des hommes les plus brutaux, les plus cupides, les plus
stupides, les plus crédules, c'est-à-dire de ceux qui
ignorent ou veulent ignorer les véritables ennemis du
genre humain — car ils en sont — et tout ce qu'ils
veulent est cela précisément que pourraient vouloir les
bêtes.

Vous obéissez à ceux-ci, vous les considérez avec etc.,
ils vous font une mauvaise conscience. Toute leur force
n'est que votre faiblesse — et tout votre mal est le fruit
de votre crédulité.

L'esprit
est attaché au corps à peu près comme l'homme à la
planète.

Elle tourne, elle fait partie de lui et il n'en a aucune
conscience.

Il ne connaît que ses environs et pouvoirs environnants.
Il ne peut absolument pas imaginer ni percevoir les rela-
tions et les connexions lointaines.

L'esprit ne voit de ce corps que ce corps, mais l'ignore
dans le temps. Mystère de la mémoire.

La Terre ne subsiste — pesanteur, matière, lumière et rotation — que dans un système espace temps action.

L'esprit n'a que l'idée la plus restreinte, la plus incomplète du système du corps et auquel appartient le corps.

Système indéfini de dépendances.

Après restitution de ses souvenirs, bribes — bibliothèques — il finit par se faire son art.

Découragement.

Veut se tuer, mais s'avise que c'est tradition, — ressemble à ... — et ne peut même pas se tuer.

Vendredi.

L'idée que la mort doit être le principal sujet de réflexion et la principale attention des vivants est née avec le luxe — avec l'abondance des réserves.

D'où cette étrange question : En fait de choses inutiles, à quoi penser ?

Robinson finit par avoir fait son île.

Je *réponds* à tel ennui, tel besoin, agacement, par l'image de circonstances où je serais inaccessible : ainsi l'image d'une île dorée où rien ne me pourrait parvenir que ce qui me plairait, surtout par le souvenir !

Ou plutôt : d'abord je la ferme complètement, mon île.

Ensuite je vois des inconvénients à cette perfection insulaire et je laisse pénétrer — mais seulement tels jours — à telle heure — quelques nouvelles, amis, livres...

C'est la mémoire qui m'a fourni mon île — mémoire déformable, pliable à mon besoin du moment.

A mon ennui, j'ai fait correspondre sa négation. J'ai ajouté à cette négation quelques conditions positives, positivement désirées : la mer, — le sud — etc.

En niant et en désirant de la sorte, s'est formé un rébus, une énigme — dont le mot est une image *particulière*.

Je pourrais dessiner cette île sur la mer.

Note que cette île où *tu serais*, tu l'imagines vue du large, conique, dorée, blonde...

Quelle mixture!

— Pourquoi faut-il qu'un fantôme de ce genre réponde à ces besoins?

Besoins? — Le mot est un peu étroit. *Car — je réponds* aussi à telle paix, plénitude — par l'image de mauvais moments, par des prévisions funestes, un horrible mélange...

ROBINSON, le voici dans son isle cubique.
Le soir tombe. Le bleu le plus tendre est sur le verre
Des hautes vitres.
Le Café, le Tabac
Peuplent l'ombre et la Bouche...
Le travail très urgent le cède au jour qui meurt
Et ce que songe une autre est comme une rumeur
Intime, qui n'est point la rumeur de la ville.
Seul; Non-seul, ROBINSON.

ROBINSON

Robinson avait assez assuré sa subsistance et presque pris ses aises dans son île.

Il s'était bâti un bon toit. Il s'était fait des habits de palmes et de plumes, des bottes souples, un chapeau immense et léger. Il avait amené l'eau pure tout auprès de lui, jusque dans l'ombre de sa hutte. Le feu lui obéissait, il l'éveillait quand il voulait. Une multitude de poissons séchés et fumés pendaient aux membres de bois de la case; et de grandes corbeilles qu'il avait tressées étaient pleines de galettes grossières, si dures qu'elles pouvaient se garder éternellement.

Robinson commençait d'oublier ses commencements. Le temps qu'il allait tout nu et qu'il devait tout le jour courir après son dîner lui semblait déjà pâle et historique.

Même il s'émerveillait à présent des œuvres de ses mains. Ses travaux assemblés étonnaient quelquefois ses regards. Il avait grand'peine à se sentir l'auteur de cet ensemble qui le contentait, mais qui ne laissait pas de le dominer. Quoi de plus étranger à tout créateur que le total de son ouvrage?

Une demeure bien assise, des conserves surabondantes, toutes les sûretés essentielles retrouvées, ont le loisir pour conséquence. C'est le fruit des fruits que le calme et la certitude. Robinson au milieu de ses biens se sentait confusément redevenir un homme, c'est-à-dire un être indécis. Il respirait distraitement, il ne savait quels fantômes poursuivre. Il était menacé de songes et d'ennui. Le soleil lui semblait beau et le rendait triste.

Contempler des monceaux de nourriture durable, n'est-ce point voir du temps de reste et des actes épargnés? Une caisse de biscuits, c'est tout un mois de paresse et de vie. Des pots de viande confite, et des couffes de fibre bourrées de graines et de noix sont un trésor de quiétude; tout un hiver tranquille est en puissance dans leur parfum.

Robinson humait la présence de l'avenir dans la senteur des caissons et des coffres de sa cambuse. Son trésor dégageait de l'oisiveté. Il en émanait de la durée, comme il émane de certains métaux une sorte de chaleur absolue.

Il ressentait confusément que son triomphe était celui de la vie, qu'il était un agent de la vie, et qu'il avait accompli la tâche essentielle de la vie qui est de transporter jusqu'au lendemain les effets et les fruits du labeur de la veille. L'humanité ne s'est lentement élevée que sur le tas de ce qui dure. Prévisions, provisions, peu à peu nous ont détachés de la rigueur de nos nécessités animales et du *mot à mot* de nos besoins. La nature le suggérait : elle a fait que nous portions avec nous de quoi résister quelque peu à l'inconstance des événements; la graisse qui est sur nos membres, la mémoire qui se tient toute prête dans l'épaisseur de nos âmes, ce sont des modèles de ressources réservées que notre industrie a imités.

Il y avait chez Robinson, traînant non loin de l'âtre, une vieille table de logarithmes sauvée des eaux, qui lui servait à maint usage domestique.

Ses pages toutes dévorées de chiffres menus et qu'on eût juré couvertes de fourmis rangées en bataille, disaient dans leur naïf langage décimal que notre espèce laborieuse s'était constitué des économies de vérités. Des écritures ingénieuses transportent les longues peines de quelques-uns jusqu'à l'impatience de tout le monde...

— Oisiveté, se disait Robinson, Oisiveté fille du sel, de la cuisson, et de tous les apprêts qui suspendent, en quelque sorte, le destin des aliments périssables, filles des empyreumes, des fumées conservatrices, des aromates, des épices, et même des logarithmes, — que ferai-je de toi? Que feras-tu de moi? Voici que mes puissants appétits ne dessinent ni ne colorent plus mes journées. Je n'imagine plus des actes, je ne vois plus des fantômes de proies rôties, et je suis libre; n'est-ce pas être informe? Quand nous croyons de nous appartenir, nous ne sommes qu'à la disposition des incidents les plus petits de notre regard. La variété, l'infinité des objets insignifiants nous abusent sur nos pouvoirs. Je n'ai plus de loi que mon indifférence. Ma mobilité me paralyse. Ma légèreté me pèse. Ma sécurité n'est pas sans m'inquiéter. Que vais-je faire de cet immense temps que je me suis mis de côté?

HISTOIRE DE HÉRA

Tous les signes de la force paraissaient dans la beauté de Héra. Elle était une femme haute, pleine, de forme pure et bien modulée. On la sentait vivace et plante humaine généreusement développée. Son pas était léger, et tous ses actes bien dessinés. Une intelligence en éveil illuminait tout à coup ses yeux au moment qu'une idée, venue d'elle ou d'un autre, amusait, irritait, étonnait son esprit. Sa voix était plus douce qu'on ne l'eût attendue, et s'accordait par ses nuances à la grâce de ses mouvements, plus qu'à la plénitude de son corps et à l'apparence de grand style qu'on a dite. Cet heureux contraste la rendait dangereusement charmante. Il existait aussi dans les propriétés intérieures de sa nature qui se sont manifestées au cours de sa vie. Cette belle tête rêvait et imaginait, se faisait tous les contes qu'une personne qui se sait séduisante et sensible peut se faire; mais il arrivait toujours que la raison et le calcul s'impossassent à sa pensée avec un tel empire et une telle netteté qu'ils l'emportaient sur toutes les puissances de son cœur, même très attaché à quelque objet vivant par les plus tendres liens. Elle croyait sincèrement aimer, mais comme les baigneurs prudents qui nagent de trois membres et reprennent pied dès qu'ils sentent la terre manquer sous eux, elle savait un certain point d'abandon qu'il ne fallait passer. Son pas léger foulait alors durement et délibérément toutes les fleurs nées d'elle-même ou toutes autres, qui entravaient sa marche vers un but. Sa voix changeait et son regard devenait brillant et sec par l'effet de l'idée arrêtée. Elle voyait ce qu'elle voulait jusque dans le moindre détail, et il n'était rien dans les manœuvres et conditions de l'exécution de son dessein qu'elle n'imaginât le plus précisément et ne discutât minutieusement et longuement avec elle-même. Elle n'était jamais assez distraite pour oublier que l'amour n'est pas tout.

Tout ceci faisait d'elle un être superbe et redoutable.

Rien de *sacré* en elle. Rien n'avait plus de prix que son désir de vivre aussi agréablement et richement que possible. Tous ses vœux s'exprimaient en choses certaines et sensibles. Mais y soupçonnant quelque infériorité, elle se le dissimulait, se faisant le roman d'une vie modeste et vouée à un idéal d'amour et de travail spirituel, comprenant que son goût extrême du luxe, de l'élégance et d'une flatteuse réputation n'étaient pas tout ce que la perfection qu'elle désirait approcher par tout son être exigeait pour son accomplissement. Elle aimait et sentait la poésie, même subtile ou relevée. Mais cette sensibilité précieuse n'était pas si dominante en elle qu'elle consentît aux passions de l'esprit une valeur « infinie », c'est-à-dire vitale. Ce lui était aussi une parure extérieure. Circonstance parlante, les films lui étaient des divertissements dont elle se passait à grand'peine, et dont elle souffrait sans en souffrir la sottise ou la grossièreté de moyens. Si raffinée quant au meuble et à la toilette, elle ne percevait pas qu'aller à ces spectacles et s'y plaire, c'était comme se vêtir et se meubler des fabrications impersonnelles du bon marché. Ce à quoi elle répugnait.

Son jugement de la volupté la juge mal. Il lui échappa de prononcer que le fait de *j... ensemble n'avait aucune importance...* et le déclara à Gozon en personne auquel ce fut une lumière très blessante, étant l'être le plus irritable et le plus résolu sur ce point. Il l'admettait dans tous les cas où l'amour ne fût que plaisir. Mais il trouvait que l'intimité *en acte* devient une sorte de communion secrète, quand une tendresse sacrée et une signification d'alliance des âmes la relève et lui donne valeur d'un moyen de la plus profonde identification de deux êtres.

« Tu es en enfer », lui dit sérieusement Gozon.

L'ESCLAVE

La mémoire n'est que mensonges, et les récits ne conviennent qu'aux enfants. Ceux qui écoutent les histoires sont plus simples que ces reptiles que le charmeur induit à suivre la flûte qui les ensorcelle, ils obéissent à la parole, ils subissent tous les prestiges, ils ont froid, ils ont chaud, ils tremblent et ils s'exaltent, et ils ressentent sans défense les puissances du langage. Pour eux, les mots sont des êtres, et les phrases sont des événements!... Et quant à ceux qui se complaisent aux doctrines, et attendent des philosophes qu'ils illuminent l'antre de l'âme, et la caverne de ce monde, ce sont les plus crédules de tous.

J'étais esclave, et le plus heureux des philosophes. On m'avait pris sur la mer, ivre de vent, de fatigue et de veilles; ivre de vide, sourd, et les membres rompus de coups par les bonds et par les écarts innombrables du navire, qui me rendait de tout son poids les durs transports d'une tempête interminable. Je fus recueilli et remis à la terre. A peine sur la rive, ceux qui m'ont sauvé m'ont lié sur-le-champ pour être vendu. Mais la reine de leur pays, sur la rumeur qui vint jusqu'à elle que j'étais de Byzance, et le disciple des disciples de Métrodore, m'ayant longuement considéré, me retint pour soi seule. Elle fit mettre à mon col une petite chaîne d'or que j'ai sucée bien des fois, et mordue. Bientôt je pus douter si j'étais esclave de son sceptre, ou la chose (le captif) de ses regards absolus et de ses membres éclatants. Je ne songeais plus à ma patrie. Lorsqu'un homme intérieur trouve dans le monde sensible l'objet même qui se fait contempler sans fin, il se détache aisément de son histoire antérieure. Mes jours nouveaux croissaient et se multipliaient comme des plantes épaisses, entre ma mémoire et mon cœur.

La bizarre souveraine n'était jamais lasse de m'entendre. Elle m'ordonnait de parler de toutes choses. Je m'asseyais sur mes talons, sous la domination de son visage. Cette femme couchée était d'une forme longue qui s'allongeait comme une presqu'île jusqu'aux pieds merveilleusement clairs et colorés (coquillages) qui l'achevaient. Parfois je ne savais plus ce que je disais, à cause de ces extrémités délicates. Elle aimait que je me perdisse devant elle dans les raisonnements de mes démons que je faisais battre sur mes lèvres. Ses yeux obscurs buvaient ma bouche fabuleuse, et il arrivait que la sienne tout à coup s'abattît sur le plus beau de mon discours. Elle m'enjoignit sous peine de la vie de ne converser jamais qu'avec soi seule. Même l'idée de mon passé la tourmentait. Elle ne pouvait imaginer sans amertume que j'eusse vécu avant que de la connaître. Il lui était odieux de penser que j'eusse montré jadis les éléments de la logique aux Amazones, et enseigné les principes de la lyre aux jeunes oisifs de Phocée. Elle me fit battre de verges pour lui avoir conté avec une certaine complaisance quelque chose de ces époques de ma vie. Ensuite elle baisa mes plaies en murmurant : *J'attacherai ces maux cuisants à tes bons souvenirs.*

Un jour qu'elle m'avait fait son commandement ordinaire de lui dire ce que je voudrais, le silence me saisit à la gorge. Je ne trouvai plus en moi que le simple sentiment de mon existence. Les vérités et les mensonges manquaient soudainement à la fois aux exigences de mon âme. Ma voix secrète vainement me répétait les paroles de la reine devant les portes closes du trésor qui est en moi... Ô connaissances variées! Ô combinaisons infinies, énigmes, paraboles, récits mystérieux dont le conteur pareil à l'araignée tire le fil de soi-même, descentes dans le royaume du lac noir et du cyprès blanc, stratagèmes des héros, faiblesses des dieux, voyages, sentences, subtilités, et tout ce qui peut se dire... Et tout cela réduit à rien!...

Quelle incertaine présence que celle de l'esprit, et comment toute sa richesse peut-elle s'évanouir sans cause, et le total de notre savoir s'abîmer tout d'un coup dans nos profondeurs ?

Je voyais obstinément une maison rose *que je sentais abandonnée*, et dans le ciel de cette image de ma stupeur, un vol fuyant d'hirondelles et de grues. Je souffrais cruellement de la suspension étonnante de ma pensée; ma langue se desséchait; mon visage me semblait exposé au feu... La reine ferma les paupières pour m'observer intérieurement.

Il y eut un temps fait de temps, un temps affreusement égal à lui-même, nul et perçu toutefois comme une longueur insupportable!... Quant à la fin de cette époque sans issue, voici ce qu'il advint.

Mes yeux éperdument flottaient, cherchant l'Idée.

Ils ne trouvaient de toutes parts, sur les murs et sur les tapis de la chambre royale, ni figure d'homme ou d'animal, ni de formes reconnaissables, ni quoi que ce fût qui fût à la ressemblance de quoi que ce fût, mais ils ne se prenaient qu'à d'inexprimables fantaisies, et ce n'étaient à droite et à gauche, et vers le haut et sur le sol, que caprices muets, méandres, développements purs et compliqués, surprises régulières et libres enchaînements, brodés sur les étoffes, incrustés dans le pavement, peints sur les solives, pratiqués ou profilés dans la matière précieuse, tracés ou coloriés sur toutes choses... Tout fuyait toute ressemblance...

— Reine, criai-jc, reine!... perle et cause première de cette chambre charmeresse et de ces jouissances ineffables — (et la lumière de ses regards me réjouit) — belle Reine souveraine — je ne sais plus ce que je savais... comme l'homme qui a perdu son mal, qui ne trouve plus de gêne s'étonne et même s'inquiète...

Mais je me connais maintenant une nature nouvelle et pure, un nouveau bonheur de sentir et de dire — un nouvel infini se...

(Scolie)

Un jour qu'elle me fit son commandement ordinaire : « Dis ce que tu voudras! » Je demeurai dans un silence. C'est que j'avais épuisé toutes mes histoires, tout ce que je savais lui était connu. Je lui avais consumé tous les récits, développé toutes les doctrines, exposé l'origine de tous les dieux, les aventures des héros, les hauts faits des hommes illustres. Mon esprit se sentait désert, et les ruches étaient vides, les vérités et les mensonges une source tarie, et je ne retrouvais en moi que les paroles mêmes de la reine, que je me répétais vainement devant les portes closes de mon trésor. Je désespérais de mon génie. Mais tout à coup une lumière se fit en moi. Que les voies de l'esprit sont...

Je chanterai les sens les sens

Mais les sens sont vérité, et les sens sont pureté. Car ce qui est réel n'a aucune signification et ne vise point autre chose. Ni souvenir, ni interprétation ni raisonnement. Mais les sens et les sensations présentes et les choses immédiates, voilà ce qui est profond.

Il n'y a point d'illusions pour les sens, ils disent ce qu'ils disent, et s'ils viennent à se contredire, si la main contredit l'œil, ils sont sincères chacun dans son opération et dans son domaine, et si tu vois un objet peint et si voulant le saisir tu ne trouves que le plan de la peinture, c'est le peintre qui est coupable, et non le sens, et c'est toi-même qui es coupable, car tu as conclu d'un monde à l'autre, et tu as cru à un objet.

Belle reine souveraine, tes yeux qui se sont rouverts me disent que je suis fou. Promène-les, ces yeux, je te dis qu'ils sont le plus profond de nous. Ne pense point. Laisse l'œil vivre de sa vie.

Les ornements qui t'environnent et qui intriguent le philosophe, sont les choses que l'œil livré à soi-même enfanterait pour être bien, pour recevoir ce qu'il donne et désirer ce qu'il possède.

Mais l'œil a sa compréhension propre.

On dirait que chacun de nos sens a son mode de comprendre, et il marque qu'il ne comprend pas par sa souffrance.

Comprendre, c'est *trouver* ce que l'on aurait fait de soi-même, c'est se reconnaître, trouver qu'une chose extérieure était soi, à soi, de soi.

C'est mesurer — ou trouver le système de mesure, l'accommodation qui reconstitue la chose.

Nos sens le désiraient, mais obscurément, notre esprit ne l'attendait pas.

JOURNAL D'EMMA

NIÈCE DE MONSIEUR TESTE

ÉLÉMENTS PHYSIQUES

... Mes yeux, mes cheveux sont châtains. J'ai un faible pour mon épaule droite, je la baise parfois, je lui parle. Elle est moi et pas moi. Je me regarde au bain, je me dis : mon corps est-il à moi ? Si un amant possède votre corps, n'est-il pas alors à lui plus qu'à vous ? Il le voit de partout, il le palpe et le presse où il veut.

... Mon corps, ma terre ! Comment peut-on penser à toi, chose la plus intime et la plus étrangère ? Mes seins m'étonnent. Il me semble qu'ils sont beaux. Mais que font sur moi ces belles formes de chair ? Après tout, ce que j'appelle *mon corps*, c'est le fruit d'une quantité de découvertes ! A-t-on jamais fini de s'explorer ? Parfois, un geste improvisé, un mouvement qu'on fait pour ne pas tomber, vous donnent la sensation du *tout nouveau* en vous. Et l'amour ! ou du moins ce que les gens appellent ainsi. Un jour, quelqu'un m'a saisie et m'a voulu toucher un peu partout. C'est drôle, ce jour-là mon corps était bien moi. Et j'ai crié. Un autre jour, quelqu'un m'a saisie et m'a voulu toucher un peu partout. Ce jour-là, mon corps n'était pas de moi... et je n'ai rien dit. Je m'interroge quelquefois : est-ce que je boirais au même verre que cette personne? Des fois oui, des fois non. Cette question si simple m'est très utile. Quelque chose en moi répond, et mon opinion est faite sur l'homme ou la femme dont il s'agit.

Pourquoi ne ferait-on pas le journal de son corps? Oserai-je écrire « mon corps »? Tout ce que j'en sais? Non pas mon corps, celui des médecins, mais celui que je me connais. Je ne sais rien au delà de lui. Il est ma science, et je crois bien la limite de toute science, lui, ses affaires, ses gênes, ses besoins et leurs ennuis, ses régularités et leurs écarts, ses digestions, ses règles, et les sales détails humides de l'Amor. Pourquoi sales? Et quoi donc est sale? Sale!... Manger, respirer! Ce qui entre est plus sale que ce qui sort! Car ce qui sort de l'homme est pur, élaboré, produit savant d'une industrie très compliquée. O corps inglorieux, quelque saint aurait dû aimer ta fiente! Intérieure encore, elle est sacrée comme du Moi, et quand je dis : moi, elle y est comprise. Puis, elle se fait distincte encore en moi, et impérieuse. Une étrangère à expulser. Elle est cependant MA création, mon œuvre la plus importante.

Mais qu'est-ce qui n'est pas le résultat d'une expulsion? La mère vomit son enfant, la pensée expulse des phrases plus ou moins mûres. D'où vient alors ce dégoût? Peut-être il dépend de l'avenir que nous prêtons aux choses qui sortent de nous? L'ordure va aux ordures, l'enfant à la vie, les phrases au néant.

Mais quoi de plus étrange aussi qu'il y ait un Dedans et un Dehors?

D'ÉLISABETH A RACHEL

... Une assez effrayante faculté de voir, de saisir, de résumer, de transformer en essence de mépris, en excrément de son expérience, mais en puissance et vitesse de son esprit, toute chose vécue, comme par une analyse chimique ou une digestion. Notre beauté, nos grâces, nos jolies voix, qu'en faisait ce monstre? Ce que fait le tigre de la vitesse et de l'élégance de l'antilope : il la réduit en tigre et en excrément.

— Parfois il avait pitié... et c'était le pire! Et puis l'on sentait qu'il détesterait sa pitié, et qu'elle lui serait un aliment de colère, de reprise en fureur, qu'il se mépriserait de s'être attendri et qu'il nous le ferait payer. Prenez garde, ma belle! Écoutez aussi cet avis : ne vous laissez jamais (si vous pouvez!) examiner en détail par ce regard : il faut brouiller ses yeux par les vôtres et leurs comédies. Comprenez-moi! Toute notre magie craint la connaissance complète. Je ne sais comment les anges ont pu se laisser séduire aux filles des hommes. Aveugles anges!

— Figurez-vous! un jour il me dit : « L'amour est un commerce de liqueurs. » Il est vrai qu'il dit un autre jour : « Ma faculté de trop voir parfois m'exaspère. Je

me hais souvent de sentir qu'elle s'exerce : elle trans-
forme sauvagement *en clair* des choses dont la valeur est
d'ombres. »

Alors j'ai conçu une violente envie de vaincre ce
Gozon. Il disait avoir parmi ses ancêtres un tueur de
dragon. Je me sentais je ne sais quel instinct de guivre,
et le désir de le réduire au désespoir me mordait le
cœur, — se mordait en moi.

RACHEL

RACHEL

ou

SOPHIE

(Emma ?
Laure ?)

ou

AGAR

Je suis née au lieu même où j'étais née pour vivre, où
je n'ai pas vécu, où je me sens transportée en esprit
par une sorte de bond intérieur quand je suis saisie
au cœur et malheureuse, et lasse d'être, et enragée d'une
rage qui est à moi, *la rage d'être quelqu'un*, et mordue par
mon existence même, même agréable, qui se fait douleur
subite et accidentelle : alors, *être me perce*. Alors mes yeux
se ferment, et s'ouvre une fenêtre exactement aussi vite
que des paupières s'abaissent, et je vole en moi vers une
lumière qui ne manque jamais : c'est le présent qui
s'envole. Se forme aussitôt cette fenêtre presque carrée
qui est vers la droite de ma pensée. Elle est parfois
brisée de persiennes et parfois un balcon de fer joliment
tordu. Une arrière-pensée est dans la pièce d'ombre.
Mais parfois elle est aussi comme un oiseau, qui tra-

verse tout à coup le jour de feu extérieur, qui va voir ce qui est loin et qui est encore *moi*, et qui revient de la lumière, toujours à la nuit *moi*. On parle dans la chambre, et cela répond à mes regards, — je veux dire aux actes de mes yeux fermés qui jouent et touchent mille choses qui pourraient être : un haut Phare, des toits vieux, des fumées. Quand la fenêtre vient, je suis capable de tout, et il n'est pas de sottise ni de vérité vraie qui soit au-dessus de mes forces. Rien n'arrête ma pensée : je vais à son plus dur.

Il me semble que je suis une île, ou bien dans un état désespéré, un être qui vit de coups de couteau, une femme comme une tour, entièrement environnée d'ennemis cruels, dont elle tire une force infinie et implacable. Il n'y a pas de force supérieure à ces forces-là. J'ai vu à l'hôpital une femme folle et petite renverser six hommes forts. J'ai lu jadis dans l'Évangile l'histoire de l'hémorroïsse et j'ai pensé que ce fut une force comme la mienne qui sortit alors de l'être du Christ qu'elle surprit — (ce qui étonne en retour. S'il pouvait être surpris...). Et puis, mon cœur se fond, la fenêtre s'efface, et je redeviens faible et charmante pour tout le monde. Quand l'amour vint, ce fut aussi une force étrangère, et quand je l'ai inspiré, je me suis sentie l'inspirant par une vertu sortie de moi et que je ne me connaissais point. Certain parfum de fleur fait venir la fenêtre, et par elle l'amour.

Ce jour-là, la fenêtre était bonne, matinale, dorée. Il entra en même temps dans mon âme une odeur de charbon et celle de ce basilic que je déteste. Cela me vient de l'enfance, cette odeur aromatique me portant malheur.

Il paraît que j'ai une volonté et une facilité dont personne ne comprend le mélange, et que ces qualités opposées égarent toujours les gens. Le mélange enivre. Je puis séduire à peu près qui je veux. Mais tout ceci ne me paraît pas clair. Je suis comme je suis, je prends mon parti, mais je ne m'aime pas du tout. J'aime les êtres que j'aimerais d'être, et ceux que j'aimerais comprendre. Les autres peuvent bien mourir et...

Ce qu'on nomme l'*Amour* fut dans ma vie ce que furent dans d'autres vies plus singulières, et sans doute plus profondes que la mienne, certains événements rares et secrets, des révélations, des apparitions, des coïncidences, des lumières inattendues... Ce sont comme des accidents très graves qui se produisent sur le chemin de la vie, ont des suites extraordinaires et nous laissent tout autres que nous étions, pour avoir tiré de nous des effets surprenants, qui nous seraient demeurés toujours inconnus et même inimaginables, si tel choc ou tel instant ou telle heure pénétrante entre toutes ne fût venue nous jeter hors de notre voie assurée.

On a dès lors un commerce tout nouveau avec soi-même, et ceci est toujours possible.

Psaume.
Ô chair, conduis-moi hors de moi-même! Ô dualité embrasée. Des frottements, des mouvements, des élancements élastiques précipités font jaillir l'âme et tirent de l'ombre de la substance l'éclair de la puissance comme un glaive, — qui brille et qui tue.

Cet instant est hors cadres. Il est autre chose que plaisir et douleur. Il n'appartient ni au fonctionnement de la sensibilité d'échanges ordinaires — ni à celle des incidents internes de désordre physiologique. Ni à la connaissance.

Il est une impasse. Nec plus ultra. Il faut revenir. La machine se dissocie. Les pièces se disjoignent et les membres se séparent. Chacun revient à ses affaires.

Nous ne pouvions nous détacher, ni nos yeux tout proches entre eux se détourner de leurs échanges.

Ils se fermaient ensemble, parfois, comme du même être, pour se reposer de ce regard mêlé — opposé — dont la tendresse, s'il se prolongeait, devait se charger en je ne sais quelle semblable expression d'invincible différence. Il n'y avait plus que de l'absolu, de la différence essentielle —

Quoi de plus près de toi? quoi de plus près de moi? Il n'y avait même plus entre nous la place d'une parole — presque d'un souffle. Mais peu à peu, la pensée qui renaissait *ici* et *là*, éclairait, murmurait en chacun des éclairs de différence et leurs attaches toutes singulières — des réserves, etc.

Mais j'ai eu tort de prononcer ce mot *Amour*. Il m'est tout simplement odieux. Il mêle tout : un besoin, un divertissement, — une danse animale —, une terrible maladie qui brouille l'esprit et les nerfs, — une idolâtrie avec ses rites, ses superstitions, ses sacrifices, ou une sorte de somnambulisme, avec ses chutes du toit dans la rue...

Non, ce mot est trop commode. Et puis... *il rend semblables*. Je n'ai jamais pu supporter l'impression de répé-

ter un refrain que tous ont fredonné. C'est pourquoi je
hais la vie, la nature, la mémoire... Que sais-je? C'est
une sorte de folie chez moi. Je le sais. J'ai donc toujours
essayé de ne pas me sentir *redite*.

L'affaire AMOUR s'est présentée à mon esprit sous
une forme assez étrange. Quand j'ai eu à peu près compris
de quoi il s'agissait, tout ce que j'en savais s'est comme
simplifié, cristallisé en deux questions, qui n'en font
peut-être qu'une?...

Que peut-on faire d'un AUTRE?

Que peut-on faire avec un AUTRE?

La fameuse affaire AMOUR a donc pris en moi la
physionomie d'une affaire AUTRUI — un aspect parti-
culièrement important de l'affaire AUTRUI.

C'est une idée qui m'est venue après expériences.

Ce sont des actes étranges, si éloignés de ce qu'on
pourrait imaginer, peu naturels en somme. Je ne conçois
pas comment les animaux les retrouvent, les réinventent.
Ce n'est simple, ni évident, ni très aisé. Les anciens le
sentaient bien. J'ai lu *Daphnis et Chloé*.

Mais rien de moins simple que la nature.

RACHEL

OU

AGAR

... Et je m'aperçois que je cherche une religion qui
donne le ciel et ne le vend pas. « Le ciel pour rien! » Le
commerce m'a toujours répugné!... Je donne de bon
cœur, je reçois avec joie, mais point de marchandage.

— Mais le Père, l'autre jour, a dit : « Le ciel est en vous. » Cette étrange petite phrase a mal tourné dans mon esprit : elle a comme cherché un sens précis; et cette précision m'a induite en vilaines pensées...

Sentir que l'on porte en soi, à la merci de quelques actes, et ceux-ci à la discrétion d'un moment, d'un regard, d'une idée advenue, d'un verre de Champagne, d'un ton de voix, d'un rien, d'un vide surtout, sentir que l'on porte en soi la violente vertu d'un extrême de soi...

Et ceci si proche, si loin... Sait-on jamais?

Et ceci, si bête, si sale, si doux, si vif, — si triste aussi...

Sait-on jamais si ce qu'on mange n'est pas un poison?

Comment se peut-il que tout change tout à coup, qu'on se perde dans son corps entre forces et faiblesses?

Quelle fin de nuit!...

. . . .

— Ah! mon Père, il ne fallait pas tellement répéter que Dieu est amour, et que le ciel est en nous.

Ah! mon Père, je ne sais qu'une chose : il est le plus fort. Dieu pour moi, c'est cela : il est ce qui est toujours finalement le plus fort... Et, — excusez-moi, pardonnez-moi, comprenez-moi, — il n'est que cela. Si je comprends bien les dogmes, nous sommes, et il faut que nous soyons, en lutte perpétuelle contre Lui. Nous l'emportons parfois pour un instant, mais il gagne toujours la belle.

Et le Père me dit : « Non, ma fille, Il ne gagne pas : si vous vous perdez, alors tout le monde perd, et Lui et vous.

— Mon Père, qu'a-t-Il à perdre ? Que peut perdre le Parfait ?

— Il perd l'amour qu'Il avait pour vous. Sa mise sur votre âme.

— Et c'est là l'Enfer ?

— Oui, ma fille...

— Mais... c'est quelque chose que de pouvoir faire perdre Dieu.

L'ILE XIPHOS

LE DERNIER ATLANTE

Je suis à présent dans Firgô. C'est une Ile. Non, ce fut une île, mais aujourd'hui liée à la pleine terre par deux levées de sable très fin qui s'élargissent en plages d'année en année. La roche de cette île s'élève à six cents pieds environ au-dessus de la mer, et du haut du plus haut de son élévation se voit, ou plutôt se voyait, ou peut-être, on croyait voir une autre terre dans l'horizon du Sud. Toutefois ceux qui disaient l'avoir vue disaient n'avoir jamais pu la revoir. Ils l'appelaient XIPHOS, d'après eux le dernier fragment du monde qui a précédé celui-ci. On en racontait mille merveilles (mais à voix basse), et telles que le plus important objet de l'esprit humain de maintenant serait (s'il existait des intelligences capables de s'y employer!) de démêler le vrai du faux dans ces légendes confidentielles, et de s'acharner à reconstituer le savoir, le pouvoir et les vouloirs des gens qui vécurent là. On conte qu'ils en savaient mille fois mille fois plus que nous, ou tout autre chose, et c'est pourquoi je me demande si le nom d'Hommes leur convient ? C'est à nous qu'ils le refuseraient sans doute, tandis que nous devrions peut-être les appeler *anges* ou *demi-dieux*. On ne peut guère comparer cette situation relative qu'à celle qui exista entre les Européens et les sauvages les plus élémentaires qu'ils rencontrèrent dans leurs explorations.

Après tout, pourquoi la puissance génératrice de la surface irradiée de la terre n'aurait-elle pas engendré une race d'êtres aussi supérieurs à l'homme que l'homme l'est aux autres mammifères ?

. . . .

Gozon disait avec sérieux :

— Ils avaient toutes les mœurs, et j'ai toutes les mœurs. Je suis méchant et bon et excessivement les deux. Il n'est d'homme plus impie ni de plus religieux que je ne me sens l'être. En vérité, *ma nature ne souffre pas d'être définie*. Elle me pousse aux extrêmes, mais opposés. Tellement que je me sens positivement n'être rien. — Serais-je un vivant vestige de l'époque où l'on avait les deux sexes, où science avec l'art n'étaient point séparés, ni la force ne l'était de la grâce, ni la liberté de la connaissance des lois, ni même le vice de la vertu ? Toute une espèce avait les propriétés protéiques de l'esprit. Il y avait un Dieu qui ne ressemblait à rien. Les rêves jouaient un rôle dans la veille, et la veille se préparait les rêves qu'il lui importait de se former pour réagir sur elle au réveil, ou bien pour développer en toute liberté de combinaisons, quelque coïncidence de sensations peu commune.

Les plus fameux de nos joueurs d'échecs, ceux qui, les yeux fermés, mènent et gagnent dix parties à la fois, nos calculateurs les plus étonnants paraîtraient, auprès de beaucoup de ces insulaires, des enfants qui comptent sur leurs doigts.

Il semble que leur sensibilité était non moins supérieure à la nôtre que leurs facultés combinatoires. On dit que certains n'avaient jamais entendu deux sons identiques. Ils distinguaient la même note deux fois donnée par le même instrument dans les mêmes conditions...

Amour. Les vivants n'ont que deux choses à faire : se nourrir et se reproduire. — Tout le reste est accidentel, luxe inutile, perversion, écarts.

L'ILE XIPHOS

... Il y avait sur une petite place, entre des maisons curieusement ornées, dorées et dédorées, un piédestal qui portait une femme de parfaite beauté, nette comme une statue, et qui se tenait dans l'attitude la plus noble. Plusieurs fois le jour, elle se faisait entendre. Elle disait ou déclamait de beaux vers pendant quelque temps. Elle se mettait ensuite à chanter. Il y avait un accord si juste et si essentiel entre le timbre, les inflexions de sa voix et les formes successives de tout son corps soutenant et portant la variation de son souffle, depuis ses chevilles jusqu'à sa tête, que l'on demeurait saisi et que l'on se sentait soumis à la puissance de la Pureté.

Elle avait la fonction de fixer le langage du pays et de donner, comme une horloge l'heure vraie, la prononcia-

tion la plus désirable et la construction la plus élégante de
ce parler.

Certains jours, elle disait la vérité à qui voulait l'enten-
dre, et la disait avec une telle diction comme transpa-
rente, une modulation si pénétrante et une harmonie
si enchanteresse entre l'expression de son visage, la
perfection de sa parole, et surtout, avec un accord si
complet de sa forme entière dont les moindres parties
dans leur tension et leur concours d'ondes très légères
ne révélaient une réserve et un aparté de mensonge, que
l'on craignait généralement de l'interroger. Il paraît que
le corps ne peut mentir tout entier, c'est pourquoi on met
la Vérité toute nue. Mais quelques-uns, me dit-on, pro-
testèrent contre cet usage d'une très belle personne,
alléguant que la Vérité est le plus souvent laide, sinon
hideuse. Mais il n'en fut pas tenu compte.

Elle avait rang de prêtresse. Si elle fût vierge, est incer-
tain. Fille de qui et de qui? Je ne sais point.

Vers le soir, elle pliait sur ses genoux...

DES TEMPLES ET SANCTUAIRES
DE XIPHOS

I

Il y avait à Xiphos, dans l'île, sur un mont, un temple
plus ancien semble-t-il que l'île même, étant fait d'une
pierre noire qui ne s'y trouve nulle part, assemblée curieu-
sement par blocs prismatiques qu'agrafaient des cram-
pons de métal inconnu. Et là était conservée une tête

parlante aux yeux fermés. Et la tête était dans le temple mais contenait l'univers. On la fait briser et ouvrir et... des dés — de cristal qui sont maintenant l'un à Rome, l'autre...

Oracles, sentences en sortaient. Elle rendait la justice par oui et par non et donnait des avis sur toutes choses. Il y avait une inscription : *Je n'ai pas d'entrailles.*

(Dialogues de X avec la tête.)

Ici les aphorismes et divers effets remarquables de cette chose prodigieuse.

II

Et il y avait aussi une grotte creusée dans la montagne par on ne savait quelle main, et dont l'entrée, qui regardait la mer, avait été taillée de manière à figurer la nature d'une femme. Les hommes seuls y pénétraient, oints de parfums et la face voilée. Là, au bord de l'antre, une sorte de colonne isolée se dressait, érigée dans l'ombre fraîche. Elle était cependant toujours presque brûlante. Qui touchait cette idole était changé en taureau... Au dehors des groupes de filles attendaient que l'on sortît. Etc.

III

Et il y avait aussi un Livre — incompréhensible en soi. Mais qui l'interrogeait du regard en pensant à ce qu'il désirait savoir, croyait lire

Ou une fontaine ? Ou un arbre ?

Xiphos où tout est signe — (Rêves) tout symbole.

Comment faire sentir ceci ? *rien d'insignifiant donc tout changeant.*

La Tête disait souvent : « Je ne suis pas ; je pense. » Un certain Ælianus de Colophon eut un colloque avec elle ; et même une sorte de dispute. Cette tête répondait par toutes les réponses possibles et insinuait ainsi le mépris de la vérité. Elle en vint aux injures.

Les animaux n'y étaient que ceux de la Fable. Ils regardaient les hommes dans les yeux, ne leur faisant d'autre mal que les intimider étrangement. Les hommes y apercevaient une tout autre manière de voir les choses, et se sentaient aussitôt comme réduits à une condition très particulière, et comme déchus de leur prétention à l'universelle connaissance. D'où vint cette légende de regards qui changent en pierre ? Mais la vérité est celle-ci, qui est plus profonde.

ILE XIPHOS (ou le lieu
des Mauvaises choses pensées).

... Il y avait à Xiphos un dieu qui rejetait les prières et jusqu'aux grimaces *intérieures* que d'autres dieux semblent exiger que les créatures leur fassent. « Chez la plupart de vos prétendus croyants, leur disait-il, ce qu'ils nomment leur « foi » est une contraction, un torticolis, un effort pénible à voir, qui peut devenir un tic ; un produit de contagion, d'imitation, de peur ; parfois de l'ennui et, trop souvent, l'effet d'un essai naïf de vous tromper. On vous dit ce qu'on a appris à vous dire et qu'on ne pense pas et qu'on ne peut pas penser, mais la parole tient lieu de pensée... Et ce que l'on vous dit n'a aucun intérêt. Pense-t-on vous apprendre quelque chose ?

» Mais moi, ajoutait-il, je suis le dieu de ceux qui me résistent en tant que je suis, et qui me désirent en tant que je ne suis pas. *Ah !* disent-ils, *s'il y avait un dieu !* Ils ne craignent pas de nier ou d'ignorer ce qu'ils ne voient ni ne conçoivent; ou de réduire ce qu'on leur offre sous le nom de divin, ou qu'ils ressentent comme tel, à des productions de leur nature, parfois puissantes ou belles, mais qui ne peuvent être que de même substance et modalités que toutes les autres du fonctionnement de leur esprit. Mais parmi ces formations, il en est que j'estime et qui sont leurs essais de se passer d'un créateur et gouverneur de toutes choses, etc. »

(Les philosophes.) Celui qui prit *au pied de la lettre* le temps, — fleuve d'Héraclite et se mit à considérer les événements et les états en hydraulicien avec recherche de l'équation de continuité, des filets, tourbillons, — effets de bélier.

Ceci appliqué aux impressions, idées, sensations, actions et modifications de *toute espèce* — comme à des flotteurs, doit donner des conditions et effets curieux. Effets de mouvements relatifs.

Comment se produit la non-sensation de changement ? *Changement* comme *substance* (en effet, CONSTANTE *condition* de la sensibilité. Cf. onde porteuse).

Et *changement* comme perception — modulation —

Peut-être, c'est la relation de ces deux changements quand elle est concordance qui donne les rythmes ?

Chant cristallin de la statue de Memnon.

A — quand le soleil se révèle et d'un rayon frappe. —
B — quand le soleil bondit. —
moi de rosée lavé — d'abord je murmure, cris infimes,
puis je chante — Substance — crépite — Source —
Soleil p. l'aveugle — et enfin la lumière a tari la rosée.
J'étincelle muet —

... Il nous dit un ou deux poèmes de sa composition.
Puis nous montra les textes de quelques-uns qu'on
avait recueillis de la Bouche Sacrée (c'est ainsi que l'on
nomme la bouche de la Tête Qui Parle).

Mais cette écriture nous était inconnue. Alors, il nous
expliqua que la valeur d'un poème est le nombre des sens
qu'il peut recevoir, et que ceux-ci avaient douze premiers
sens, desquels douze autres pouvaient résulter.

Cf. Polygones convexes et étoilés.

. . . .

LE MARIAGE A LA XIPHOS

... On montrait aux jeunes gens nubiles, un à un, une
troupe de jeunes filles qui ne se savaient pas observées
et dont chacune portait un insigne ou une coiffure qui la
distinguait des autres.

Il disait celles qu'il préférait. On le notait.

La même épreuve se faisait, une fille comparant les garçons. La comparaison des choix donnait quelques résultats.

. . . .

LE TEMPLE DE LA PEUR

La peur, effet essentiel, base de toute société.

Pas de société de héros. Pourtant, un très ancien essai à Xiphos.

La Tête tranchée regarde les choses, telles qu'elles sont, le Présent pur, sans nulle signification, sans haut ni bas, sans symétries, sans figures.

Mais une diversité.

Et quand les temps de réaction des rétines s'attardent...

Point de réponses — Jugement éternellement suspendu —

Car tout *jugement est hâtif.*

Parle trop tôt, achève ce qui n'est pas — ni jamais — achevé.

Point de *transit.*

ni passé ni futur —

point de nombres.

— Dans l'île de Xiphos, il y avait une province où l'on reléguait les personnes atteintes de la maladie appelée *Anastrophie*. Elles font, après chaque action, une action inverse — ou son simulacre. Ce qui est affreux à voir plus que ridicule. D'autres fous répétaient toujours leur action plusieurs fois.

— Il y avait une sorte de couvent dit des *Égophobes*, où étaient ceux qui ne parlaient jamais d'eux-mêmes. Ni le Je ni le Moi ne s'y entendaient.

Les mendiants.

Il y avait les mendiants ! Les uns mendiaient l'amour. Les autres, l'estime. D'autres, la gloire. Et ils méprisaient ceux qui demandaient du pain ou de l'argent. Certains demandaient une idée, pour l'amour des dieux, ou un vers bien fait — ou un style « original ».

BOUTIQUES

Celle du poète — celle du mathématicien, etc...
On les voit travailler — c'est le sujet.
Rues d'un Paris fantastique — noms des rues —
. . . .
« Goûtez et comparez » — ces mots sont dignes d'un Évangile.
Bien faire et laisser dire.
Ici l'on chante à l'instar de Mantoue.
Boutique de poète — avec petite lyre en cuivre

suspendue, perroquet (dit des vers latins) parle en vers, merles, quelque chose de magique, d'Hoffmann.

Muse, assise. Chaise de roseau.

Les apprentis — rue

               démon de Socrate.

Les Silentiaires.

« Tout ce qui sort de l'homme est impur », pensaient-ils, et ils gardaient le silence autant qu'ils le pouvaient.

Ils éclataient d'amour et d'idées retenus dans l'enceinte de leur croyance superstitieusement opposée à tout épanchement.

Philosophie du raccommodeur.

Conte « philosophique » ou poème en prose avec le refrain « Le raccommodeur de faïence, porcelaine, le marbre, l'albâtre... » ces beaux mots.

On rencontre enfin l'homme assis sur les marches de l'église. Il raconte ses joies — l'attention.

Le hasard donné. Philosophie du vase brisé — Jeu de patience.

Conte. *Supplice* étrange —

Le roi ordonna (Je te condamne à périr, mais à périr en tant que Xios et non en tant que Toi) que Xios fût conduit dans un pays entièrement différent. Son nom changé, ses traits mutilés artistement. Les hommes du pays contraints de lui croire un passé, une famille, des talents tout autres que les siens.

S'il se rappelait quelque chose de sa vie première, on le contestait, on lui disait qu'il était fol, etc...

On lui avait préparé une famille, femme et enfants qui se donnaient pour siens.

Enfin tout lui disait qu'il était celui qu'il n'était pas.

MUSÉE SECRET DE XIPHOS

Les tableaux de peinture, dans le goût de Philostrate athénien — ou le *Néocosme*...

— « La Science accomplissant le sacrifice de la Connaissance », tel est le sujet de la grande fresque de l'époque

— Les Suicides et Paradoxes — (adjectifs)...

— Europe expirante *in media insanitate* —

— Fiducia dévorant ses enfants — (Justice, Vérité etc.).

— Le crépuscule des infinis — (LE MONDE FINI).

— Les divinités neuves — Énergie.

— Les aventures — A la recherche d'une Erreur —

— *Grandeur et décadence de la Parole.* Ubiquité, ruine les formes (logique et beautés) — la confiance — Crédulités. Signification de la recherche d'une rigueur par symboles abstraits — *Babel*, Pentecôte — Usage magique (ou harmonique) et usage opératoire, « rationnel ».

Exportation de dieux.

Il y avait un quartier de chantiers où l'on faisait les dieux pour les autres. On sculptait le bois ou la pierre ou le marbre. On peignait les images.

Et selon les croyances des clients, on façonnait des Baals, des Hermès ou des monstres, des vierges, des Vénus.

Il y avait aussi des échoppes à écrivains. Ils griffonnaient des livres sacrés, des textes à énigmes, des formules de prières.

C'était, réuni sur un point, dans cette île privilégiée, ce qui ne s'était produit (et ne se conçoit guère) que séparé et s'ignorant mutuellement, selon le temps ou l'espace, et dont l'expérience, faite autrefois à Babel, avait misérablement avorté.

On essayait tous ces produits sur les mêmes sujets.

Morales.

Il y avait des menticures qui étaient au langage et à l'esprit ce que les manucures sont aux mains, et le matin, fort tard, tandis que ceux-ci taillaient et polissaient les ongles des personnes soigneuses de leur corps, les cures de l'intellect les interrogeaient et les entretenaient en subtilité et en élégance de la pensée et du discours. Ils apprenaient à prononcer, à user des timbres de la voix, à s'abstenir des termes vulgaires ou très abstraits, à former des phrases complètes, et veillaient aux idées dont ils ne voulaient que l'on en retînt aucune qu'on n'eût faite sienne, recommandant de chasser toutes les autres et de ne pas croire penser quand on ne fait que répéter en d'autres mots ce que l'on a lu ou entendu.

La *tête parlante* aux yeux fermés émet des oracles, etc
Il y a un voyageur qui entame un dialogue avec elle.
Et elle parle avec une objectivité totale... aphorismatique. Sans JE et comme par combinaisons.
La voix de personne.
Répète toujours à sa façon ce que l'on vient de lui dire, et le transforme successivement par transformations réglées.

Elle ouvrit un Œil!
Son étonnement.
Les questions interdites.

Un homme était sûr de quelque chose. On ne savait donc qu'en faire. On le mit successivement en prison, en chaire, sur le trône, à l'asile des lunatiques, on voulut le tuer. D'autres pensaient à l'obliger de féconder mille femmes choisies. Finalement, fatigué de tous ces avatars, il déclara qu'il n'était sûr de rien et on lui laissa la paix. Il en profita pour écrire une Éthique, qui est un des livres les plus importants du monde. Car tout le monde en parle et l'invoque mais personne ne l'a lu.

Les temples des *vrais dieux* —

La Peur, la Faim, le Désir, les Maux, le Froid...

Les vrais dieux sont les forces ou puissances de la *sensibilité*.

Monuments. INSCRIPTIONS.

      Style.

Usage du Soleil — familier

Culte. Le dieu visible mais éblouissant.

« Chez nous le dieu est essentiellement niable. »

. . . .

La vie se trouvait sur l'île Xiphos comme l'on trouve le cuivre à Tharsis, l'encens, la cannelle à...

Une vie de qualité fine et puissante, produit de conditions exceptionnellement favorables.

Les instincts d'une puissance redoutable; la sensibilité extraordinaire. L'intelligence d'une simplicité et d'une rigueur. — Et toutes ces choses se combinant, se bornant selon des lois simples...

. . . .

On voyait dans Xiphos, sur une place publique, un plan d'agate polie gardé par un savant plus que par un sage, sur lequel ne cessait de rouler de face en face un étrange polyèdre taillé de telle manière qu'il ne pouvait trouver de position d'équilibre.

Ailleurs un œuf étrange dansait et semblait vivre au plus haut d'un jet d'eau.

Les fontaines étaient ingénieuses et proposaient des problèmes. Quelques-unes chantaient.

Ceci serait l'une des
inscriptions sur l'une
des portes, d'abord mal
traduite mot à mot
par : SORS POUR ENTRER
(remets-toi à ignorer ce que
tu sais, pour savoir comment
tu le savais et savoir ton savoir).

Une île sans pudeur — des êtres nus et non seulement
nus mais aussi libres de partout que l'homme l'est de son
visage découvert, de sa bouche, de ses mains.

Un monument dont toutes les ombres par lui et par
ses parties projetées seraient belles, formaient des dessins
changeants. Une sorte d'édifice projetait une silhouette.

Ce solitaire essayait sur lui-même les poisons du lan-
gage abstrait. Il essayait (sur les autres) le mot Dieu.
Xiphos, l'île aux ? simplistes

La Médecine à Xiphos
   La longévité — avec conservation
   durée de vie et durée de valeur de vie.

   Les sages. L'hymen — après dressage

   Les animaux synthétiques.

La politique et l'économie
La Justice
   On enferme dans la même prison les gens qui ne
      s'accordent pas jusqu'à ce qu'ils s'accordent.
   Ceci fait merveille.

   Ile trouvée au hasard, flottante, repoussée par tout corps.

L'énergie
   L'électricité y était particulière

   La Religion, les mystes.
   Les méthodes.
   Un naufrage nous a livré vos sciences,
      les nôtres sont bien différentes.

Foire de Xiphos
      « Les recettes du Grand Lambert »
                  ou les M
         infaillibles moyens
de...

Ici supposer les choses désirables mais qui sont hors de portée des méthodes et connaissances :

> Se faire aimer (ceci est classique)
> Faire de belles choses
> etc.

Cette foire était singulière.

Les baraques à Monstres. Mais quels montres !
L'Hermaphrodite
Les Hercules espiritels
Foire littéraire et philosophique. Car... c'est bien cela !
Nous sommes exhibition de phénomènes.
Récit : « Je venais de visiter l'exposition de P. quand tout à coup, sur le quai, je fus ravi en esprit et me trouvai en plein vacarme et désordre coloré d'une Foire. Les faux sauvages, les monstres fabriqués, les devins. »

Xiphos — L'île aux merveilles
Les artisans — et les doctes ou docteurs.

Ils avaient, les uns de la matière, les autres de l'esprit un sentiment bien différent du nôtre.

Les premiers agissaient sur les corps par leur âme même qui savait comment gagner leur ouvrage et vivre toute dans leurs mains ; et les seconds semblaient disposer des idées par leur langage et leurs symboles comme l'althlète, l'acrobate et le prestidigitateur ou le jongleur font de leurs membres. (Le parfumeur.) Le forgeron battait rythmes et formes. Le joaillier mirait les gemmes et semblait ensuite les extraire de ses yeux pour les placer. Le peintre dansait sa peinture et le sculpteur luttait avec la terre ou la pierre, une lutte toujours plus ardente et plus resserrée. Puis il bondissait en arrière, la main reprise; puis il bondissait en avant, la main tendue. Le potier nu faisait son vase comme un amant crée et recrée le corps de sa maîtresse; et le verrier soufflait son désir même dans la bulle de verre — spirabat.

Le philosophe tout à coup se mettait à discourir et renversait sa propre pensée, sans cesser de la suivre et de la renouer à elle-même. Ils étaient ou plantés comme des arbres ou marchant sans pouvoir s'arrêter.

Le géomètre se sentait tout l'espace, etc... et des transformations éblouissantes.

Et le poète chantait les mots, s'identifiait au langage, — comme le musicien semblait vivre dans un monde sonore.

Tout l'utile était comme acquis.

Tout l'inutile était l'essentiel.

Les pierres tombaient par distraction comme lancées au hasard.

Et les lois naturelles semblaient des bizarreries.

Ils expliquaient que les lois étaient une fantaisie réalisée.

ACEM

ASSEM - OU AZEM - OU ACEM

Ceci est un conte qui vient toutes les fois que je passe dans le quartier où est,

où demeurent ce que n'ont pas détruit ni la vénalité, ni la bestialité, ni la superstition hygiénique, ni la politique

ni l'architecte, ni l'ingénieur, ni le conseiller municipal, ni l'entrepreneur, ni le médecin, ni tout le monde

il y a un balcon que tous ces gens-là guettent sans le savoir il n'en sait rien.

avec lui tombe un art

une construction d'édifice en l'an 1200 ou 1600 exige du talent et des productions de la forme, de presque tous ceux qui s'emploient à la construction, hormis les manœuvres qui sont ceux qui ne fournissent que de l'énergie musculaire. Les autres ont affaire à une matière qu'ils connaissent selon leurs mains et leurs yeux, la pierre, le bois, le plomb, et qu'ils travaillent à partir de son gîte d'origine.

Une construction actuelle ne demande que le moins d'esprit personnel possible. L'invention, le goût, les idées n'y peuvent appartenir qu'à un seul, lequel ne se fie généralement pas à sa fantaisie, s'il en a et s'il ne s'en méfie pas.

Il y avait un homme qui s'appelait Assem, Azem, ou Acem. Il était blanc et gras, de très beau visage, composé de semblables courbes; son nez faisait songer à un cimeterre, et ses sourcils noirs et minces comme du fil étaient deux arcs dessinés au pinceau. Les prunelles de ses yeux étaient parfaitement claires, la pupille n'était qu'un point noir, mais parfois elle se dilatait à l'extrême, et le noir de l'instant la dévorait. Il avait les mains très belles, souples et très blanches; l'une accablée plus que chargée de bagues, caressait familièrement, comme une main étrangère, l'autre, toute nue.

Il ne riait jamais; il ne marchait jamais : du moins personne ne l'avait jamais vu que pleinement établi dans un petit fauteuil tout recouvert d'étoffe où il semblait encastré. J'ai dit qu'il ne riait jamais; quand il eût fallu rire, il fermait brusquement les yeux et hochait la tête. Il parlait lentement avec économie de parole et des tons de la parole; il articulait chaque syllabe et leur donnait une valeur musicale très sensible et remarquable. Ce qu'il disait était bref, toujours composé d'une interrogation et d'une réponse. Il semble qu'il ne raisonnait jamais; il n'avait nul souci de l'accord de sa parole avec elle-même. Il est probable qu'il considérât que ce que nous appelons logique, suite dans les idées, comme chose bonne tout au plus pour la pratique de l'action, — à moins qu'elle n'y soit au contraire désastreuse. Assem se bornait en général, au lieu de parler, à émettre une suite de notes conforme à son impression du moment. Ce son était toujours grave et ironique. Malgré ce quasi-mutisme, la conversation avec lui était mieux qu'intéressante. Elle était constamment de très grande importance, car on retirait de la présence de cet homme assez étrange le singulier bénéfice que je vais dire. On venait exposer devant lui une idée, une thèse, un projet de livre ou d'affaire, de voyage ou d'autre entreprise ou même de loi, par son seul silence, mais silence *illustré*, tantôt par la dilatation des pupilles, tantôt par l'abaissement des paupières, tantôt par le rythme de la main caresseuse et somptuaire glissant sur la main nue, il était bien rare qu'on n'eût pas comme par un sortilège trouvé soi-même le vice, la niaiserie, la contradiction, la faute de goût ou de rythme ou l'incohérence ou l'inutilité ou la simple banalité de ce qu'on venait de lui exposer. Il avait tout dit sans ouvrir la bouche. Il créait en quelque sorte l'objection à distance, dans l'esprit même qui lui soumettait son produit. Il tirait l'absurde par simple action de présence.

On ne savait presque rien de ses origines, de sa race, de ses moyens d'existence, ni même s'il vivait seul ou avec d'autres personnes. Quant à ses mœurs, il est presque inutile de dire que les bruits les plus variés et les moins bienveillants à ce sujet s'échangeaient entre le peu de personnes qui étaient admises à le voir. Il planait pourtant sur lui une manière de célébrité qui s'étendait assez loin parmi les gens cultivés de la ville. Il passait pour avoir été médecin; d'autres lui voyaient les signes indélébiles d'un sacerdoce abandonné. Quelqu'un le compara un jour, avec beaucoup d'ingéniosité, au célèbre joueur d'échecs de Maëlzel. Un autre alors fit une allusion assez grossière (qu'il exprima finement) à ce que pourraient être les amours de l'automate, ce qui visait manifestement Assem. Quant à moi, je haussai les épaules : je sais bien que la vérité et la réalité n'ont jamais que des rapports superficiels entre elles. La vérité est une expression : elle a un commencement qui est doute, et une fin qui est vérification. Mais la réalité est ce qu'elle est, c'est-à-dire qu'elle se refuse ou se dérobe à toute expression; on ne sait ni où elle commence ni où elle finit, et prétendre la représenter est aussi vain que la tentative du peintre, qui prête aux choses et aux visages des traits, cependant que la nature les ignore, n'est ni faite de lignes ni de surfaces... J'avoue toutefois que la vie cachée d'Assem me donnait à penser. Je n'ai jamais trouvé tant d'énigmes dans un homme. La vraie valeur de son esprit, ses goûts profonds, sa nature intime, sa fortune, son passé, autant de problèmes souvent irritants qui me tourmentaient assez souvent. J'ose ajouter que j'hésitais parfois sur son sexe même... Je puis dire que pendant quelques mois, comme je le voyais presque tous les jours, j'étais arrivé à ne plus vivre que dans l'espoir de le faire une bonne fois s'expliquer, je ne songeais qu'à tirer de ce quasi-muet les aveux qui m'eussent délivré de cette obsession.

Il lui arrivait de temps à autre, au milieu d'une conversation où il ne mêlait que les signes et les propos réduits dont je viens de parler, de s'endormir ou de paraître s'endormir, ce qui ne laissait pas de surprendre et souvent d'indisposer ceux qui étaient avec lui. Son apparence de réveil se manifestait par le regard extraordinaire de ses yeux qui s'ouvraient et fixaient, non point, semblait-il, les choses et les personnes présentes, mais tout ce qui aurait pu être devant eux. Ce regard était alors si largement dilaté que seules deux taches de noir absolu remplaçaient les trop clairs iris.

Cependant il arriva ce qui arriva. Un jour, tout à fait vers la fin de ce jour, comme l'on ne distinguait guère plus dans la chambre que le clair et l'obscur, et que j'étais tombé dans un très long silence, étant fatigué d'avoir depuis des heures agité devant Assem quantité d'idées et m'être servi des curieuses propriétés de sa présence que j'ai dites pour me faire à moi-même une opinion sur mes idées, Assem tout à coup prononça presque à voix basse ces deux syllabes : MARA. Aussitôt une voix étrange s'éleva dans la pièce voisine et dit : AMOR, avec un accent interrogatif, et Assem répondit : AMOR. La portière de gauche s'étant soulevée et la porte s'ouvrant, rien ne vint. J'entendis s'ouvrir une porte à droite, je regardai, et rien ne vint. Alors je regardai Assem qui décroisa ses mains, et, son visage sans aucune expression, désigna de leur geste symétrique l'une et l'autre porte. Il se fit en moi je ne sais quelle préparation de mystère, et pendant qu'il reprenait son immobilité, un certain nombre d'interprétations distinctes me vinrent à l'esprit; puis, comme sur une portée musicale parallèle à ce jeu d'hypothèses, et comme dans un autre temps, une sorte d'ébauche de la théorie générale de la diversité des explications possibles de cette petite scène composée d'un personnage et de deux ouvertures de porte, se dessina dans mon esprit.

Cet esprit prenait la pose intérieure qui se traduit par : Que signifie ? et sur ce signe, — ou bien *sous* ce signe —, me venaient dans un certain désordre quelques-unes de ces productions vulgairement appelées idées.

« Une porte ouverte, et une porte ouverte, Assem entre les deux, n'est-ce point un symbole du possible ? Ou bien une sorte d'invitation à je ne sais quoi qui doit être d'entrer ICI ?... Après tout, que me font ces deux portes ? » Je songeai au passé et à l'avenir qu'elles pouvaient figurer.

A ce moment, Assem refit le geste qu'il venait de faire, puis, croisant les bras, il désigna de la main droite la porte de gauche, et de la main gauche la porte de droite. Ses mains revinrent à leur position primitive. C'est alors que de la porte de gauche sortit un jeune homme, et de la porte de droite une jeune fille, qui me parurent d'une remarquable beauté. Ils me saluèrent gracieusement l'un et l'autre, et s'approchèrent d'Assem dont ils baisèrent chacun un genou. Sur quoi je le vis ouvrir ses bras et les presser l'un et l'autre contre lui.

Saisi, gêné dans la profondeur de mon âme, par cette composition de tendresse si étrange et tout inattendue qui tenait du rite, qui faisait songer à une liturgie intime, presque équivoque, mon premier mouvement fut de me retirer au plus tôt. Je n'osai pas. La honte de paraître me retirer me paralysait, et il y avait dans cette stupeur un désir assez coupable de voir la suite. Toutefois, je pris le parti qui demandait le moindre effort : je fermai les yeux.

Après un temps, une voix, la voix si rare d'Assem, se fit entendre. Cette voix qu'il semblait économiser comme s'il eût conscience que nous n'avons jamais qu'un nombre fini de mots à articuler pendant notre vie et qu'il en sût le compte, et qu'il eût découvert que la durée d'une existence est mesurée par ce nombre, tandis que l'on pense au contraire que ce nombre dépend de cette durée, et soit comme une fortune, un trésor auquel rien ne peut s'ajouter et qui dure ce que le fait durer l'avarice ou la prodigalité de son possesseur.

... Or cette voix fut une voix de petit enfant. Elle disait : « Aimez-moi, aime-moi, toi, et aime-moi, toi »; et plus basse elle ajouta : « C'est la parole la plus vaine, la plus inutile parole du monde. »

J'entendis alors, et cela me fit frissonner, un gémissement, le triple gémissement du groupe que je ne voulais pas voir, et il y eut ensuite un silence que vint rompre la voix du jeune homme, qui était une voix forte, mais sombre et comme retenue : « Comment veux-tu, dit-il, que nous t'aimions ? Nous n'avons pour toi que la haine la plus pure, nous te haïssons de toute notre substance. On dit que nous sommes beaux, et sans doute nous sommes plus beaux que tout ce qu'on voit de Beau parmi les êtres. Mais ne savons-nous pas, précisément pour être tels, que nous pourrions, que nous devrions être cent fois et mille fois plus beaux ? Qu'as-tu fait des semences précieuses de ton vouloir créateur ? Et pourquoi n'as-tu pas jeté dans la balance féminine de notre sort tout le poids des énergies de la perfection ? »

Il se tut. Et la voix de la jeune fille s'éleva à son tour, d'une douceur plus aiguë que la plus douce aiguille et la plus fine :

« Assem, Assem, dit-elle, et pourquoi aussi as-tu fait que nous ne puissions nous aimer, lui et moi ? Nous sommes frères et sœur, et tout ce que nous sommes voudrait que nous partagions la même couche, et qu'il n'y ait entre nous que ce qu'il faut de différence pour aliment des divins efforts de l'union. Mais voici que nous sommes rivaux, et que je hais mon frère avec douleur, car il veut tout ce que je veux, il possède ce que je possède, et nous n'avons rien à nous envier, nous qui nous aimerions si tendrement. »

Je sentis en moi un mouvement se faire et une impulsion à me lever et à sortir. Mais je ne sais quelle impossibilité se fit et s'imposa en même temps et je demeurai.

Mais j'eus l'impression que j'étais réduit à l'état de chose inerte et muette, devant être témoin d'une scène entièrement incompréhensible.

« Vous êtes ma faute, dit Assem, et je vous aime comme une faute, et je vous hais comme une faute. Et il y a entre nous trois un pacte de chair et d'esprit. »

Tout à coup, je m'aperçus que le groupe si pathétique ne se distinguait plus que comme une masse d'un seul tenant, une sorte d'ébauche sur laquelle une lumière mourante avait encore quelque pouvoir de modelage... C'est que le jour baissait... Je compris ou j'imaginai que les trois personnes qui composaient cette masse devaient avoir les yeux fermés. Idée assez naturelle, mais qui devenait assez étrange, à la réflexion. Moi-même, je me sentais comme insidieusement contraint de fermer mes yeux. L'évanouissement de la lumière me faisait sentir je ne sais quel besoin de suivre ou de simuler sans le vouloir une diminution de ma faculté de regarder et d'opposer aux choses un esprit qui les compense et les termine.

Bientôt nous étions QUATRE, sans doute, dans les pleines ténèbres...

C'était un état insupportable. Une intimité avec de la vie... Il y avait là, sentais-je, quatre « vies intérieures ».

L'ÉCRAN

Conte. — Histoire d'un personnage que l'on représenterait (à intervalles médités du récit) dans son fauteuil, fumant, et le regard se fixant assez vite, de soi-même, sur un écran, porte ou mur, — ou sur un objet assez petit. Alors les idées des choses, événements d'introduction récente dans sa vie (objets du *récit*), les soucis, nuages, thèmes intimes, inventions naissantes, etc... viendraient s'établir *sur* ou *comme sur* cet écran — où ils seraient *en lui et devant lui* — en observation réciproque et comme un *monologue* complexe.

Le retour de ce motif dans un récit pourrait servir de loi formelle et ornementale, — très *vraie* d'autre part. Le moment — phase de tête-à-tête avec l'écran ou le petit objet familier et le semi-rêve du *réel-présent*, du *réel-prochain* et des *possibles*, serait, *d'autre part*, un élément de forme assez fixe.

Le plan de l'écran et les plans voisins.

Le passé, le futur, aux dépens du présent.

Les temps affectifs — regrets, soupirs, tendresses, nettetés, grossissements. Peut-être pourrait-on « construire » un type de ces moments, une formule générale.

Et au bout de ces morceaux, une transformation — plus ou moins définitive. Certains thèmes renforcés, — inculqués — des trouvailles — formules adoptées — des effacements.

Et retour au présent. Le mur reparaît. Le point de conscience se reforme *sur l'objet*.

Vu par un ange, le système de nos habitudes (avec tous les rites secrets et les intimes consignes, associations bizarres, signaux organo-psychiques qui s'y trouvent), paraîtrait un cérémonial étrange de restrictions et conditions imposé, mais imperceptible pour autant qu'il n'est pas contrarié.

Et ce système s'étend, se multiplie dans chaque occasion où la vie prend quelque périodicité — comme un cristal se forme dans le liquide qui repose, et permet l'ordre *naturel*.

Vraiment, celui qui étudie de près une journée d'homme, sans se laisser tromper par l'émission psychologique et l'importance criarde de la vie intérieure et de la comédie à laquelle elle prend part, celui-là peut jouir du spectacle des substitutions du plus universel au plus particulier, du mécanique à l'apparente fantaisie.

Acem disait : Je suis toujours celui que je suis à chaque instant. J'appelle *toujours* mon *chaque instant*. Et vous ? Comment faire autrement comment dire autre chose ? Serait-ce pas mentir et vouloir faire croire que l'on est autrement, autre chose que — *chaque instant ?* N'est-on pas *toujours* entre deux portes ouvertes, l'une par laquelle on vient de sortir, l'autre, d'entrer —?

Chacun son « sacré ».

Dans le champ de chacun, des points répulsifs — La mort, chez les civilisés, est comme *hors nature* — ce qui entraîne une idée fausse de la vie, ruine nos idées sur la valeur des signaux naturels. Cf. certaines ultrasensibilités « morales ». Points de haute sensibilisation — Peut-être aussi quasi-accidentels que les points extra-sensibles du corps, dont la capacité de causer douleur est sans rapport avec l'importance vitale.

Ce qu'il y a de spontanément rituel dans la vie des gens et qui s'installe tout seul — dans la partie semi-umbrale de leur existence.

Je sais, dit-il, par un calcul de tous inconnu jusqu'ici — je sais — à quelques dizaines près — le nombre des mots que j'aurais prononcés entre mes premiers balbutiements et mes derniers discours.

Tout mot que je prononce, je le ressens donc, comme une dépense irréparable.

Rien ne peut faire que le nombre en question ne soit, en puissance, un nombre fini : N — Si n est le nombre des mots déjà *perdus*, il me reste N — n à dépenser.

Les deux enfants jumeaux :
ô mes développements...

Les deux serpents.

L'un Dominatio — L'autre Virtus.

. . . .

Je vous ai engendrés l'un et l'autre pour mieux me connaître et donner l'un à l'autre.

Car si lucide que l'on soit et si profond quant à la sensation de soi et à la connaissance de sa pensée, toutefois ce regard ne pénètre pas la substance que l'on a *reçue ;* et il y a *beaucoup plus que nous dans nous — il en faut beaucoup plus pour* FAIRE MOI que *moi.* La *personne* n'est que l'un des effets de son être. Le Moi se détache à chaque instant d'un flux de toute autre nature.

Métaphysique.

(Spinoza)

Il a son échiquier.

Dieu, univers, matière, esprit, pièces du jeu.

Le dédouble jouant avec soi.

On apporte le thé

« S'humanise »

Faculté de n'être pas *un.* Importance de s'ignorer pour concevoir et jouer contre *soi.*

Le bœuf sur la langue (virtuelle) interdit la pensée.

Mais le vouloir nécessaire à imposer le *silence intérieur* par effort d'immobilisation des virtualités nécessaires au langage intérieur implique une pensée qui contrevient à l'intention qu'elle doit réaliser par relais.

Silence à l'intérieur.

POÈMES

AU COMMENCEMENT
SERA LE SOLEIL

Animal profondément oublié : tiède et tranquille
masse mystérieusement isolée;
ARCHE close de vie, qui transportes vers un jour qui
vient
mon histoire et mes chances,
tu m'ignores, tu me conserves; tu es ma permanence
unique
et inexplicable. Ton trésor est mon secret.
SILENCE, mon Silence... ABSENCE, mon absence,
ô ma forme fermée,
je laisse toute pensée pour te contempler de tout mon
cœur.
Il n'est pas de plus étrange, de plus pieuse pensée.
Point de merveille plus proche.
Je me suis donc fait une ILE inconnue.
Et tu es un temps qui s'est détaché de l'énorme TEMPS
où ta durée indéfinie subsiste et s'éternise

comme un anneau de fumée.

Mon amour devant toi est inépuisable.

Je me penche sur toi qui es MOI, et il n'y a point d'échan-
ges

entre nous.

Tu m'attends sans me connaître,

Et je te fais défaut pour me désirer

Tu es sans défense. Qui te tue me tue.

Quel mal tu me fais avec le bruit de ton souffle...

Je me sens le captif du suspens de ton soupir

Au travers de ce masque abandonné, tu exhales le mur-
mure

d'une vie tout égale, à soi-même bornée.

J'écoute le petit bruit de mon existence, et ma stupidité

est devant moi...

POÈME

O NOUS...

O TOI, O MOI,

Le Passé, l'Avenir sont nos grand ennemis.

Aimer est un poison,

Penser finit toujours si mal :

Soit l'impuissance, soit la terreur l'exterminent.

Et il faut beaucoup d'ignorance pour vivre.

. . . .

Ainsi parlait. Alors se tut

Celui dont je possédais si bien la présence.

Et le miroir d'éternelle durée

De mon ravissement troublé
Redevint lentement parfait.
Une idée de suavité
Ou la profondeur d'une rose
Se fit tout à coup dans ma pensée.
Et je me sentais respirer
La chaleur fraîche d'une vie

. . . .

Ferme les yeux, me dit mon cœur,
Oublie les Bêtes et les Anges :
Sens-tu ta présence frémir,
Et ta chair n'être plus la même ?
— Ouvre tes bras, me dit mon cœur,
Et que tes mains dans l'étendue
Devinent, touchent et saisissent,
Empoignent, palpent et caressent
Comme une lyre, comme une urne.

FRAGMENTS

... Je ferais une ville modèle — ou plutôt une ville spécialisée dans le calme, et le travail personnel soigné et achevé, — manuel ou non.

Seraient rigoureusement proscrits ou proscrites de cette ville les machines qui font du bruit, les nouvelles, la publicité, le cinéma, les appareils de radio, le téléphone dans les demeures — et la politique.

D'une façon générale, tout ce qui accélère brutalement l'existence et interrompt le cours des idées ou des occupations — et donne à toute vie l'allure d'un esprit inquiet.

De plus, un contrôle rigoureux serait exercé sur les choses à vendre — dont la qualité serait surveillée — et parfois la nature. Tout aliment serait défendu, qui serait produit en usines. Les apéritifs, les conserves.

VILLE CALME

En ce temps-là me fut donné de visiter une singulière ville, fondée dans le Manitoba par un certain Dick Bouchedor, qui en avait obtenu l'autorisation des autorités fédérales.

On n'y accédait que par des escaliers, ou un ascenseur. Tout entrant signait une déclaration de soumission totale aux règlements, et dépôt de tout son argent et bijoux contre reçus et carnet de chèques.

Ni pianos, ni radios, ni phonos, ni animaux domestiques.

Aucun journal n'y pouvait pénétrer.

La publicité rigoureusement interdite.

Ni téléphone.

Aucun fil.

... Dans cette langue (de Bételgeuse), certains mots étaient si difficiles à articuler et accentuer que la plupart ne s'y risquaient et qu'il fallait presque un artiste et des dons naturels pour...

Ces mots étaient les plus importants. Parmi eux, sans doute, les noms des Dieux — et ceux de l'Univers.

Cette sorte d'interdiction avait des conséquences remarquables et profondes dans l'état des choses publiques et...

En ce temps-là,

Les Sages se sont assemblés sans le savoir; où qu'ils vivent dans le monde, la *même pensée* leur vint, née dans chacun de considérations différentes, répondant dans chacun à des prémisses différentes et convenant au même sentiment par des voies, des images, des modes, des incidents, des souvenirs, des chemins et des temps bien différents.

Unis, ignorant de l'être, ils pensaient à la fois, comme

un seul esprit au sommet d'une seule délibération avec soi-même.

Les architectes du Grand Roi, commandés de lui faire un palais *carré* de mille coudées de côté, vont sur le terrain. On mesure une ligne A-B base, mais la mesurant plusieurs fois pour sûreté, on ne trouve jamais la même longueur. De plus, essayant de mesurer B-A, on trouve A-B $\neq$ B-A. Tous les nombres AB compris entre p et p'. Tous les BA entre q et q'. On décide de s'en tenir à une moyenne. Mais chaque côté donne une moyenne différente. De plus, les angles désirés *droits* sont également décevants. Le magicien avait dit : jamais ton palais ne sera construit. *Il s'était borné à rendre sensibles par un charme les variations des solides.*

VARIÉTÉ

Il pleuvait, des gouttes espacées tombaient comme des notes sous les doigts de celui qui cherche une sonore mélodie. Parfois, comme un coup d'inspiration, une fine poussière d'eau vivement chassée par un bond du vent tout à coup me fouettait les yeux d'une irritation légère. Errant et absent, je me perdais selon mes pas et me laissais me perdre dans de vieilles rues de plus en plus incertaines, et comme de plus en plus incapables de me conduire où j'avais eu, peut-être, l'intention première d'aller. Il arrive que les rues fassent de nous ce qu'elles veulent. J'avais oublié le principe de ma route, et me sentais plus faible, où en était l'heure, le jour. Mon but s'était égaré; et avec mon but, la notion de l'heure, et avec l'heure, tout le reste de l'époque et de moi-même, — ce qui fut, ce qui sera, et mon âge et le monde, tout cela se dissolvant dans cette humide fin de matinée, comme j'errais entre de vieux hôtels déshonorés. Je ne sais trop ce que l'on nomme « rêverie », et je n'aime guère ce mot qui me fait toujours songer d'une littérature sans force, et excite en moi tout l'ennui, sinon tout le dégoût, d'une poésie qui se prostitue aux têtes les plus faciles. Mon regard ou ma pensée, c'est-à-dire *l'instant même*, volait, s'arrêtait, repartait, d'une pierre sculptée ou d'un de ces balcons de fer forgé où je trouve tant d'art, à quelque ombre d'idée, à un germe de thèse ou de poème, à un mot suivi d'un rien d'étymologie, à la piqûre d'un chagrin, au premier ou au dernier venu de l'un de ces objets de l'intellect ou du cœur qui constituent le bric-à-brac, le magasin d'antiquités d'une vie humaine. C'étaient, lueurs immédiates de l'esprit aussitôt éteintes, vides étranges, stations sans cause, brusques élans sans but, tout un être de pur caprice que je vivais, respirant les bouffées de fraîcheur dont les accès de la petite pluie harcelée par le vent...

VOYAGE AU PAYS DE LA FORME

Je reviens d'un pays qui est assez éloigné du nôtre, et qui l'est de plusieurs façons différentes. Il règne dans ce pays une police singulière, des lois claires et un esprit...

J'y ai tremblé de crainte et d'admiration... A peine descendu de la machine qui m'y porta, je fus frappé de l'extrême politesse des citoyens, de la netteté de leurs rapports. Leur sourire général. Les conducteurs, les porteurs, les agents de toute espèce, les marchands remplis d'égards. Bientôt, il fallut que je m'instruisisse de ces mœurs. En ma qualité d'étranger, j'eus droit à quelque répit, mais mes progrès étaient contrôlés.

J'appris donc que dans cette terre extraordinaire, les fautes de langage sont frappées très exactement. Les amendes sont lourdes. Quelques solécismes de trop conduisent dans les cachots. Les affiches et tous les écrits publics sont rigoureusement surveillés. (Les auteurs sont...)

Les fautes contre la logique, les raisonnements sophistiques, les affirmations légères et violentes, n'échappent pas à la correctionnelle. Moi-même, tout étranger, pour excès de vitesse dans la déduction, je fus sérieusement admonesté.

Et en somme tout ce qui est destiné à agir par violence, par séduction, par illusion sur nos sens ou notre esprit, est traité dans ce royaume comme on traite dans les autres ce qui agit par violence sur les corps. On considère que les yeux, les oreilles, l'imagination, la mémoire et le mécanisme logique des citoyens doivent être respectés comme leurs biens, et même comme leur bien le plus précieux.

LA RÉVÉLATION ANAGOGIQUE

1) En ce temps-là (MDCCCXCII), il me fut révélé par deux terribles anges, Νοῦς et Ἔρως, l'existence d'une voie de destruction et de domination, et d'une Limite certaine à l'extrême de cette voie. Je connus la certitude de la Borne et l'importance de la connaître : ce qui est d'un intérêt comparable à celui de la connaissance du Solide — ou (autrement symbolisé) d'un usage analogue à celui du mur contre lequel le combattant adossé et ne redoutant nulle attaque a tergo, peut faire face à tous ses adversaires également affrontés, et par là, rendus comparables entre eux — (ceci étant le point le plus remarquable de cette découverte, car parmi ses adversaires, Celui qui est Soi, ou ceux qui sont la Personne qu'on est — et ses diverses insuffisances — figurent comme les étrangères et adventices circonstances).

Et les deux anges eux-mêmes me chassant devant eux, se fondaient donc en un seul; et moi, me retournant vers et contre eux, je ne combattais qu'une seule puissance, une fois le Mur ressenti aux épaules.

2) J'ai cherché à voir cette borne et à définir ce mur. — J'ai voulu « écrire » pour moi, et en moi, pour me servir de cette connaissance, les conditions de limite ou fermeture, ou (ce qui revient au même) celles d'unification de tout ce qui vient s'y heurter; et donc aussi celles qui font qu'on ne les perçoit ordinairement pas, et que la pensée se fait des domaines illusoires situés au delà de

la Borne — soit que le Mur se comporte comme une glace transparente — ce que je ne crois pas. Miroir plutôt, mais n'oublie pas que tu ne te reconnaîtrais pas dans un Miroir si tu n'y voyais quelque autre, et dans celui-ci tu n'en vois point.

COMMENTAIRES

CHRONOLOGIE

1871 30 octobre : naissance d'Ambroise, Paul, Toussaint, Jules Valéry, à Sète, de Barthélemy Valéry, vérificateur principal des douanes, et de Fanny Grassi, fille de Giulio Grassi, consul d'Italie à Sète. La tradition familiale voulait que les Grassi descendent de Galeas Visconti de Milan.

1874 Paul Valéry manque de se noyer dans le bassin du jardin public de Sète.

1876 Paul Valéry entre en classe de onzième chez les frères dominicains à Sète.

1878 Il entre en neuvième au collège de Sète.

1883 Première communion.

1884 Premiers vers. Entrée en troisième au lycée de Montpellier, où ses parents viennent habiter. S'intéresse à la peinture, à la théorie de l'architecture. Lit Gautier, Hugo, Baudelaire.

1887 Mort de Barthélemy Valéry. — Première partie du baccalauréat. Voyage en Italie. Découverte de Wagner.

1888 Deuxième partie du baccalauréat. Inscription à la faculté de Droit.

1889 Découverte admirative d'Edgar Poe (« Magnifique, total et solitaire »), et de Huysmans. Initiation à la musique, mais surtout aux mathématiques et à la physique; en novembre, service militaire à Montpellier.

1890 Lit avec éblouissement Mallarmé et Rimbaud. — Rencontre Pierre Louÿs à Montpellier. Écrit à Mallarmé; réponse : « Quant à des conseils, seule en donne la solitude. » Rencontre avec André Gide à Montpellier. Première version de *Narcisse parle*.

1891 Approfondissement des connaissances mathématiques. Voyage à Paris. Visite à Mallarmé. Crise sentimentale à Montpellier. Lecture de quelques mystiques.

1892 Conférence de P. Valéry sur Villiers de l'Isle-Adam. Publication de plusieurs poèmes. Séjour à Gênes ; nuit du 4 au 5 octobre : en réaction contre la perfection décourageante de Mallarmé et de Rimbaud, et contre les bouleversements de la passion, décide de se consacrer à l'Idole de l'intellect, et de renoncer à la littérature jusqu'à ce qu'il ait trouvé les moyens de la transformer ; « je suis Autre ce matin ». Cette crise radicale est à l'origine du « système » valéryen, qui tend à mettre en place une science des opérations de l'esprit. S'installe à Paris.

1893 Début des recherches personnelles. Lecture passionnée des physiciens anglais Maxwell et Kelvin. Commence à écrire, chaque matin, à l'aube, ses *Cahiers* d'analyses et de réflexions.

1894 Voyage à Londres. Prépare l'*Introduction à la méthode de Léonard de Vinci*. Assidu aux « mardis » de Mallarmé.

1895 Écrit *Le Yalou*. Publie l'*Introduction à la méthode de Léonard de Vinci*.

1896 Rencontre de Degas. Voyage à Londres, où Valéry est pendant quelques semaines employé à la Chartered Company. — Écrit et publie *La Soirée avec M. Teste*. Écrit *La Conquête allemande*.

1897 Rédacteur au ministère de la Guerre. Publication de *Valvins* en hommage à Mallarmé.

1898 Importante lettre à G. Fourment sur ses recherches, qu'il nomme « Arithmetica Universalis », concernant les phénomènes mentaux. Étude des opérations du langage. Projet d' « Agathe ». La mort de Mallarmé bouleverse Valéry.

1899 Lecture de Nietzsche. Lecture de Cantor : *Fondements de la théorie des ensembles transfinis*.

1900 Mariage avec Jeannie Gobillard, nièce de Berthe Morisot. Devient secrétaire particulier d'un des administrateurs de l'agence Havas, Édouard Lebey.

1903   Naissance de son fils Claude. — « J'entrevois tant de relations, et d'autre part, une méthode si certaine de simplification que je ne puis désespérer — au moins pour d'autres. »

1904   Écrit un *Mémoire sur l'attention,* non publié. — Mme Mallarmé lui fait lire le manuscrit d'*Igitur :* « Ce Minuit a bien des points de contact avec *Agathe,* avec ce qui est fait d'*Agathe* [...]. C'est aussi le noir et le cerveau. »

1906   Naissance de sa fille, qu'il prénomme Agathe. Le « conte singulier » qu'il avait longtemps élaboré sera désormais désigné comme le « Manuscrit trouvé dans une cervelle ». — Fréquente surtout des peintres et des musiciens.

1908   La recherche du système n'a pas cessé un jour depuis 1892; il se décrit entouré de livres : « en voici un de droit, un d'anatomie, un de mystique, un d'astronomie... Sur chaque table bâille la connaissance, — et je fais mon Faust au milieu de ce désert hanté de mots. »

1909   Un article sur le sommeil et les rêves, *Études,* est publié en décembre dans la N.R.F.

1910   Suit des cours sur la *Somme* de saint Thomas d'Aquin.

1912   A la demande de Gide et de Gaston Gallimard, accepte de publier ses vers de jeunesse, et entreprend, pour les accompagner, le texte qui deviendra *La Jeune Parque.*

1913-1914   Travaille à *La Jeune Parque.* S'intéresse à Diaghilev, Nijinski, Stravinski. Relit encore Mallarmé et Rimbaud. André Breton s'adresse à Valéry et noue avec lui des relations d'amitié qui ne cesseront qu'en 1924.

1916   En mai, plus de trois cents vers de *La Jeune Parque* ont été écrits. En janvier 1917, le texte sera achevé, et le titre décidé.

1917   Publication de *La Jeune Parque* fin avril; Léon-Paul Fargue en donne une lecture publique. — Publication de *Aurore.*

1918   Écrit plusieurs poèmes de *Charmes.*

1919   Publication de *La Soirée avec M. Teste, Introduction à la méthode de Léonard de Vinci* suivie de *Note et digression.* Découvre Einstein.

1920   Publication du *Cimetière marin,* des *Odes,* de l'*Album de vers anciens*. Valéry fréquente les salons parisiens. — Début d'une grave crise sentimentale. — S'intéresse à la revue *Littérature* d'Aragon, Breton, Soupault.

1921 *Eupalinos ou l'Architecte; Ébauche d'un serpent.* — Projet de *L'Ange*.

1922 Édition de *Charmes*. Conférence à Genève sur *La Crise de l'esprit*.

1923 *L'Ame et la danse.* — A partir de cette date, nombreuses conférences. Tentation d'écrire « un roman cérébral et sensuel », dont les fragments seront *Histoires brisées*.

1924 *Fragments sur Mallarmé.* — *Variété.* — *Cahier B 1910.* — *Émilie Teste : lettre.*

1925 Élection à l'Académie française. Publie *A.B.C.*

1926 *Edmond Teste : Extraits de son Log-Book. Vers et prose. Rhumbs. Fragments d'un Descartes.*

1927 *Autres Rhumbs. Quatre lettres au sujet de Nietzsche. Le Retour de Hollande, Descartes et Rembrandt.*

1928 En Sorbonne, commentaire du *Cimetière marin* par Gustave Cohen. *Léonard et les philosophes.*

1929 Édition de *Charmes* commentée par Alain. — *Variété II.*

1930 *Choses tues.*

1931 Première représentation d'*Amphion* à l'Opéra, avec une musique de Honegger. *Regards sur le monde actuel.*

1932 *L'Idée fixe. Discours en l'honneur de Goethe*, prononcé au grand amphithéâtre de la Sorbonne. Nombreuses conversations avec des hommes politiques.

1933 Nommé administrateur du Centre universitaire méditerranéen, à Nice.

1934 Première représentation de *Sémiramis*, mélodrame de Paul Valéry et Honegger, à l'Opéra.

1935 *Questions de poésie.*

1936 Élu professeur au Collège de France. *Variété III.*

1937 Leçon inaugurale au Collège : Valéry veut fonder un enseignement de « Poétique ».

1938 Nombreuses réunions avec des scientifiques. — *Variété IV.*

1939 Cours sur Edgar Poe au Collège de France. Publication de *Mélange. La Cantate du Narcisse.*

1940 Écrit deux actes de *Mon Faust :* « Sans quoi je crois que je serais mort de rage et de désespoir. »

1941 Valéry prononce à l'Académie l'éloge funèbre de Henri Bergson, « dernier représentant, peut-être, de la pensée ». — Le gouvernement de Vichy le destitue de ses fonctions d'administrateur du Centre universitaire méditerranéen.

1942 *Mauvaises pensées et autres.*

1943 *Dialogue de l'Arbre.* Travaille à *Mon Faust,* et à une traduction des *Bucoliques* de Virgile.

1944 *Variété V.* Représentation de *La Cantate du Narcisse. Discours sur Voltaire,* en décembre, au grand amphithéâtre de la Sorbonne.

1945 Travaille encore au poème *L'Ange.* Il s'alite le 31 mai; la maladie se double d'un profond découragement affectif. Il meurt le 20 juillet. Des obsèques nationales ont lieu le 25 juillet, à la demande du gouvernement de Gaulle. Paul Valéry est enterré le 27 juillet au cimetière marin, à Sète.

LA JEUNE PARQUE
NOTICE

Depuis 1892, Valéry n'avait publié qu'un très petit nombre
de poèmes d'une esthétique fort différente des compositions
antérieures, en particulier pour la nature et le fonctionnement
des métaphores. Vers le milieu de 1912, sur l'insistance d'André
Gide et de Gaston Gallimard, il accepte d'éditer l'ensemble
de ses œuvres de jeunesse, vers et prose. Mais, ne sachant com-
ment transformer ces vers anciens qui lui paraissent étrangers,
il entreprend un poème d'une quarantaine de vers, qui serait
un adieu à la poésie. Cette tentative apparaît à travers un brouil-
lon intitulé *Hélène* : la mythologie grecque est immédiatement
présente, et ajoutera aux différentes significations de *La Jeune
Parque* des effets complexes de résonance. Hélène, comme plus
tard Calypso, sort de la grotte de la Nuit, et veut exister par elle-
même et non par le désir des autres : « Suis-je quelque chose
Moi qui ne me vois que dans le vertige des autres Et qu'y
suis-je » (manuscrits de *La Jeune Parque*); mais se regardant au
miroir, comme plus tard l'Ange, et séparée de ce reflet et de ces
larmes — qui font aussitôt question : « Si je me vois au miroir,
des larmes me viennent, d'où ? » *(Ibid.)* Question sur un lieu
inconnu, question aussi sur une identité autre et mystérieuse :
« Mais qui pleure / seule et de diamants séparés ? » *(Ibid.)*
L'origine de *La Jeune Parque* est donc bien l'inscription provo-
quée par un double manque, le manque qui cause les larmes,
le manque qui fait de cette autre d'Hélène dans Hélène un être

sans nom. Questions inachevables, qui s'articulaient déjà sur un décor « élémental » : Astres, Nuit, Distance, Larmes, Regard — et cette figuration valéryenne de tout questionnement : le Miroir. En quarante vers, c'était trop. D'autant plus que l'écriture fit surgir en s'accomplissant les problèmes du « Système », à quoi Valéry ne cessait de travailler : les substitutions, l'acte de conscience et la mémoire, les déplacements et les condensations du Moi par la pratique du langage, le fonctionnement des figures, la production de l'imaginaire par les structures formelles, etc. D'autant plus encore que le poète s'imposa des conditions de *forme* précises, et voulut donner à la poésie les valeurs des *récitatifs* des drames lyriques (« Gluck et Wagner m'étaient des modèles secrets » (lettre à Aimé Lafont, septembre 1922); il disait : « mon opéra » : ce qui exigeait un vaste espace. Pourtant les contraintes de forme, sur quoi les critiques ont surtout insisté, n'étaient pas l'essentiel; il s'agissait aussi de mettre en scène certains aspects du vivant : « *La Jeune Parque* qui n'a à proprement parler de sujet, dérive de l'intention de définir ou désigner une connaissance de l'être vivant, qu'il ne suffit pas de — reconnaître, mais qu'il faut apprendre [...]. Il ne suffit pas d'expliquer le *texte*, il faut aussi expliquer la *thèse*. » Peut-être n'est-il pas inutile que Valéry désigne ainsi lui-même l'intérêt neuf, et trop souvent oublié, du poème.

Des titres provisoires furent ébauchés à mesure pour aimanter diversement le travail : *Pandora, Vers anciens, Ébauche, Étude ancienne, Discours, La Seule Parque, L'Aurore*, puis *Psyché* proposé par Pierre Louÿs, *Ile*, enfin *La Jeune Parque* en 1916 : titre qui signifiait la lutte de la vie (« jeune ») et de la mort (« Parque »), à l'instant où le sujet doit définir son identité et rencontre une absence. La recherche (c'était à chaque instant une expérimentation, ou une expérience, finalisée) dura plus de quatre ans. « C'est une rêverie qui peut avoir toutes les ruptures, les reprises et les surprises d'une rêverie dont le personnage en même temps que l'objet est la *conscience consciente* [...] sensualité, souvenirs, émotions, sentiment de son corps, profondeur de la mémoire et lumière ou cieux antérieurs revus, etc.

Cette trame qui n'a ni commencement ni fin, mais des nœuds, j'en ai fait un monologue » (lettre à Aimé Lafont, septembre 1922). Un autre témoignage valéryen (lettre à A. Mockel, 1917) précise quelques-unes des intentions du poète — du moins ce qui lui a paru, *le texte une fois achevé*, définir son œuvre, et cette vision rétrospective déplace les problèmes de la « connaissance de l'être vivant » que le travail même de l'écriture avait fait naître, vers des questions de rhétorique plus formalistes : « Faire un chant prolongé, sans action, rien que l'incohérence interne aux confins du sommeil; y mettre autant d'intellectualité que j'ai pu le faire et que la poésie en peut admettre sous ses voiles; sauver l'abstraction prochaine par la musique, ou la racheter par des visions, voilà ce que j'ai fini par me résoudre à essayer, et je ne l'ai pas toujours trouvé facile... Il y a de graves lacunes dans l'exposition et la composition, je n'ai pu me tirer de l'affaire qu'en travaillant par morceaux. Cela se sent, et j'en sais trop sur mes défaites! » Une note d'un *Cahier* de 1917 précise la chronologie du travail :

« Comment j'ai fait la J.P.

Genèse —	1912,	1913,	1914,	1915,	1916,	1917
		Serpent		Harm[oni- euse Moi] Sommeil	Iles	

Le jour n'est pas plus pur que le —
Referred [je me suis référé à] Virgile — Racine — Chénier — Baudelaire — Euripide — Pétrarque — Mallarmé — Rimbaud — Hugo — Cl [Clédat?] — Gluck — Prière d'Esther.
Que la FORME de ce chant est une autobiographie.
[...]
j'ai supposé une mélodie, essayé d'attacher, de ritardare, d'en-chaîner, de couper, d'*intervenir* — de conclure, de résoudre — et ceci dans le sens comme dans le son... » (*Cahiers*, VI, 508-509).

Les divers états du manuscrit font voir que les « morceaux » ne se sont pas toujours succédé dans l'ordre où le texte définitif les présente. Le plus important de ces déplacements paraît concerner le dernier épisode. La fin du poème ne s'engageait pas dans cet élan irréductible qui porte la jeune Parque renaissante (mais elle précise : « malgré moi-même ») à se faire l'adoratrice de la vie désirante, exactement du « cœur » devenu le miroir du Soleil. Au contraire : elle se donnait la mort. Non pas une mort gratifiante, évoquée ailleurs par le poème, participation aux lois universelles, assomption stoïcienne. Mais une mort désespérée, un retour au morcellement et à la dislocation dont la menace se perpétue de vers en vers :

> « L'invisible rocher glissant d'algues, propice
> A ne laisser de soi qu'un souvenir de cri. »

« Qui pleure ? » — « un souvenir de cri » : le poème s'achevait dans la logique des thèmes et la logique de l'inconscient, par une circularité parfaite : la réponse était enfin donnée, la Parque *rejoignait* en elle une mort depuis toujours enfouie. Mais, une trentaine de vers plus haut, l'appel du Soleil et l'acceptation de la Parque étaient déjà trop puissants pour ne pas forcer le cercle, et emporter le poème vers la fin ascensionnelle que l'on connaît, dépassant, en apparence, les contradictions mortelles du je et de l'Autre. Peut-être faut-il préciser, en ajout, que la pression de la guerre accompagnait d'angoisse l'invention du poème : « Je ne me l'explique à moi-même, je ne puis concevoir que je l'ai fait, qu'en fonction de la guerre. Je l'ai fait dans l'anxiété et à demi contre elle. J'avais fini par me suggérer que j'accomplissais un devoir; que je rendais un culte à quelque chose en perdition [...] Il n'y avait aucune sérénité en moi » (lettre à Georges Duhamel, 1929). Mais les bruits de la guerre n'étaient peut-être pas nécessaires : « angoisse, mon vrai métier ».

Les interprétations spiritualistes de *La Jeune Parque* ont été nombreuses, souvent brillantes. On trouvera dans les remarques ci-dessous plusieurs éléments pour une interprétation différente, développée dans « La jeune Parque en question », *Paul Valéry contemporain* (cf. Bibliographie).

(Les états successifs de l'avant-texte sont si abondants qu'on peut seulement citer ici quelques variantes éclairant les détours du sens ; l'analyse des principaux « passages » a été proposée par Octave Nadal, cf. Bibliographie.)

NOTES

PAGE 17.

Qui pleure là — La question inaugurale présuppose une présence-absence que tout le texte s'efforce en vain de nommer. Non pas monologue, mais « monodialogue », dont l'un des interlocuteurs est sans lieu et sans nom. Cette « voix intérieure », entendue mais non située, installe un Autre dans le Même, un souvenir perdu. Dans les *Cahiers* : « La personne qui parle [en moi] est déjà autre que moi — et je suis fait autre qu'elle, par cela seul que cette *personne qui parle* m'engendre *personne qui entend*. » Si bien que l'écriture n'est pas la présence ; mais elle s'installe *entre* celui qui en moi parle ou pleure, et celui qui écrit « qui pleure ? » La cause et la trace des pleurs appartiennent à l'inconscient, et ne peuvent apparaître que par des détours, des altérations, des substitutions. C'est en inscrivant d'emblée cette différence entre moi et moi que commence l'écriture valéryenne : elle procède sur les eaux du non-dit, du non-dicible ; d'où les questions, les attentes, les écoutes, les désirs. Les questions du moi, de l'Autre, et du langage étaient remarquablement unies dans l'un des premiers vers d'*Hélène* : « qu'y suis-je ? ».

Seule — Cf. le début de la prière d'Esther (Racine, *Esther*, I, 4) : « Ô mon souverain Roi ! / Me voici donc tremblante et seule devant toi. » Mais le rituel théâtral, où s'installe aussitôt le poème, ne doit pas rendre l'interprétation prisonnière des *effets de régie* imposés par ce rituel.

Diamants extrêmes — Exemplairement, et une fois pour toutes, cette remarque : extrêmes = au plus haut degré de leur intensité et de leur pureté, au dernier période de leur parcours, à l'infini de la distance; une qualité, un temps, un espace : du seul point de vue des référents immédiats, la polysémie couvre trois niveaux; l'analyse des connotations en rapport avec le réseau total du texte multiplierait les plans de signification, à l' « extrême » de la charge sémantique.

Cette main — Sauf lorsqu'elle évoque le souvenir heureux de sa danse innocente (par sublimation) dans la lumière du Soleil (Dieu, ou Père), le corps de la jeune Parque, depuis l'instant de la « question », apparaît morcelé, par fragments (le poème fut lui aussi écrit par « morceaux ») : seule la découverte de son identité (la réponse improférable) pourrait désormais unir dans une totalité ce corps désassemblé.

Et quel frémissement d'une feuille effacée — cf. *Cahiers*, XI, 70 : d'une pensée, ou image, qui m'échappe, « je ne retrouve que ce sillage, ce mouvement de toutes mes feuilles — et plus rien d'autre [...] Mais toutefois je l'ai aperçue, je l'ai vue mais non revue [...] Événement étranger. Il y a donc une sorte d'*extériorité intérieure*. » Cf. ici plus loin : « Un frémissement fin de feuilles, ma présence. » La « présence », et c'est tout le drame de la jeune Parque, est entaillée d'absence : la trace, en creux, de la cause effacée du frémissement — trace d'un *retard* impossible à combler sur cette *autre chose* qui fend d'une question toute présence.

PAGE 18.

Ou si le mal me suit — Les brouillons plus explicites mettaient en lumière le mécanisme du refoulement : « Quel mort vu dans un songe a suffi oublié / Le mal qui m'éveilla perd sa cause rêvée. » « Mort », et, plus loin, « le nom que j'ai perdu » : la question est la trace d'une dés-identification, la trace du rien.

J'ai de mes bras épais — La séquence de huit vers qui commence ici est également exemplaire de maints passages. Les signifiés (enlacement dans les bras, dans les liens — le frisson traversant durcissant l'étendue « étrange » — la sinuosité — les forêts), et les figures (redondances onduleuses : « je me voyais me voir », « de regards en regards »), et les coupes, simulent à l'avance le serpent qui surgit inattendu au dernier vers. Chacun des énoncés de la jeune Parque mime à son insu le serpent : elle *est* le serpent. Tous les mots, tous les mimes, moins le mot propre : ici le langage est structuré comme l'inconscient.

Je me voyais me voir — On connaît le cogito « réfléchi » de Teste : « Je suis étant et me voyant ; me voyant me voir, et ainsi de suite » — qui interdit la coïncidence avec soi et recule indéfiniment l'origine. Le sujet ne peut jamais se connaître en tant qu'acte, mais seulement comme l'objet de son acte de connaissance. Ou encore (*Cahiers*, IV, 685) : « Je suis ce que je ne suis pas. Je suis où je ne suis pas, — tellement que ce que j'appelle mon esprit, c'est *mon* non-moi. » Il n'est pas indifférent que la proposition de la jeune Parque soit énoncée à l'instant où l'image du serpent va surgir : elle se croyait maîtresse de sa présence et de son moi grâce au double niveau de sa vision ; c'était figurer à son insu la discontinuité entre « je » et « je » ; à l'instant le serpent fait éclater cette fausse maîtrise : la jeune Parque est là où elle n'est pas, où elle ne savait pas qu'elle est. C'est l'effet dans le poème de la déconstruction du *cogito* cartésien effectuée depuis longtemps par Valéry d'une manière qui préfigure la critique de ce même *cogito* par Jacques Lacan.

Un serpent — Très justement O. Nadal estime que, malgré quelques superpositions possibles, le serpent ne doit rien pour l'essentiel à la théologie chrétienne. Il serait, selon lui, le personnage ornemental figurant l'Idée, et bientôt congédié par la jeune Parque, qui possède en elle cette Idée ; un brouillon porte en effet : « un projet *instanté* [sic] me fuit et me devine » (comme le serpent) ; et aussi : « la douleur brusque = idée, projet, éveil » ; et un autre : « monstre = idée = née de moi, à moi ». Certes. Mais l'important reste que cette « idée », ce « projet », figures du décor intellectuel où se meut Valéry, emplois de son « théâtre », ne sont jamais évoqués comme tels dans le contexte du poème; la tentation de l'idée, la provocation à la puissance du « connaître », fonctionnent dans le texte valéryen selon les mêmes ressorts que le désir charnel, et réciproquement. Et ici, le contexte dit seulement le « rêve animal », la brûlure du corps, la « porte de feu », et un brouillon indique : « (une hanche tendre ce gouffre) Molle chose durcie dure ». D'une façon plus générale, le serpent pose ici la contradiction fondamentale : dans toutes les mythologies il apparaît comme le symbole simultané du négatif et du positif, de la vie et de la mort, de la différence et du cycle (répétition). Dès lors, idée ou corps, peu importe vraiment : il s'agit de l'autre refoulé en moi, sublimé (idée) dans la représentation suggérée par certains brouillons, non sublimé et dit par symboles charnels (serpent, etc.) dans d'autres brouillons et le texte définitif. Le parallélisme du refoulé et du sublimé est une des clefs de la poésie valéryenne.

Sur le processus de fabrication du passage, Valéry écrit dans un carnet de 1914 : « Tout le développement (du serpent) est sorti de la rime à " ordre ". Et cela est bien. C'est un procès " naturel ". On est contraint de trouver de proche en proche. Et c'est encore un point par où le vers est tout autre chose que la prose — qui voit où elle va et qui ne possède pas (du moins en principe) ces obstacles et les réactions qu'ils suscitent, et cette situation qui donne lieu à un curieux renversement. C'est l'improbable introduit par la rime qui joue. Il faut que le sujet se prête par son vague à admettre ces idées très éloignées. A l'identité de sons correspond aussi la différence imprévisible des idées. » Explication rétrospective : car si les premiers essais du texte marquent bien que le vers « J'y suivais un serpent qui venait de me mordre » est en effet premier, on y voit aussi que la suite (« le développement du serpent ») (pierreries, remous, secrète sœur, replis, etc.) était prévue bien avant que la rime à « ordre » ne soit trouvée.

Valéry écrit aussi, sur un brouillon : « Essayer par les mots juxtaposés *à partir des idées* ».

PAGE 19.

Mon seul possesseur — Ce « possesseur » n'est pas exactement le serpent, mais par une substitution presque insensible qui justifie le congé donné ensuite au reptile, l'être intérieur suscité par le serpent, comme le prouve la succession des brouillons : « Le cœur peut-il subir un si noir possesseur / Trouver dans une plaie une rivale sœur ». — « Mon cœur à soi-même est-il un si noir possesseur (précurseur). » — « Et mon silence parle à mon noir possesseur / Avec la passion qui le voudrait rejoindre. »

Dieux — Les brouillons inscrivaient ici les incertitudes de la jeune Parque : « je ne sais plus... » « je ne sais pas encore » « L'âme ne sait si le serpent [...] si les riches remous [...] si l'honneur » etc. La tension regardant-regardé qui produit l'*effet jeune Parque* est obtenue presque partout en substituant à cette rhétorique psychologique de l'hésitation la rhétorique dramatique de l'opposition — le face à face de l'hétérogène.

Secrète sœur — Effet de surcharge sémantique, ou de polyvalence qui, à la signification actuelle ajoute la ou les significations de l'étymologie et confère à maints vocables un rayonnement de sens multiples, dont chacun peut s'associer au contexte. Secrète = cachée, intime ; et aussi, par l'étymologie : séparée. Très fréquente dans *La Jeune Parque*, cette extrême saturation sémantique diversifie les réseaux par où passe le sens. Le sème « séparée » constitue évidemment un réseau avec (pour citer quelques relais) : les questions, divisé, brisé, reproche, retire, déçue, effacée, inconnu, étrangers, lointains, seule, s'arrachant. Chaque mot aimante un espace multidimensionnel. Et l'on pourrait, à la limite, dire que chaque mot, par la multiplicité des sèmes dans un seul signifiant, est une métaphore à lui seul ; et qu'il contient plusieurs lieux en tension, séparés rapprochés.

PAGE 20.

Toute humide des pleurs que je n'ai point versés — Même refus que l'Ange de reconnaître son reflet en larmes, par impossibilité d'en « comprendre », d'en assumer, la cause.

PAGE 23.

Je ne rends plus au jour — L'intertextualité — Racine, Mallarmé, Baudelaire — joue sur les multiples registres des associations et des différences. Ici, Racine, *Phèdre* : « Et la mort, à mes yeux dérobant la clarté / Rend au jour qu'ils souillaient toute sa pureté. »

Un oiseau qui varie — Image pour Valéry des « propriétés fabuleuses » de l'esprit : « L'oiseau, son activité folle me grise. J'envie cette mobilité à un point fou »; « Oiseau qui fuit dès la chose soupçonnée ». — Double opposition ici : d'altitude, avec le serpent, de mobilité, avec le marbre. Mais le mouvement de l'esprit est le plus souvent chez Valéry d'aller et retour : dans *Histoires brisées*, un oiseau « revient de la lumière, toujours à la nuit moi »; au contraire, sauf par le reflet, qui est séparation, ou le cycle, qui est enfermement, l'espace de la jeune Parque ne permet pas la relation de *retour*.

Au sombre but de mon marbre béant — Les éléments métaphoriques du poème jouent sur tous les niveaux à la fois (plastique, symbolique, visuel / auditif, abstrait / concret, etc.); ils font presque toujours apparaître l'antithèse entre flamme / froideur, fermeture / ouverture, clôture / fente.

Dangereusement de son regard la proie — Plus que l'architecture de la représentation scénique assurée par ces « acteurs » que sont l'« Harmonieuse MOI » et la « Mystérieuse MOI », compte la structure, ramifiée au plus loin, des « actants » principaux : Regard (miroir, reflet, cercle, etc.), Autre (étranger, ennemie, etc.), Mort (nuit, précipice, les images et processus d'annulation, etc.), Qui ? (les questions, d'où, comment, pourquoi, quel, etc.), Soleil (lumière, verticalité, loi, universel, etc.).

Chacun de ces actants a pour effet de diviser le moi (même, par le détour du reflet narcissique, le Soleil). Le drame se joue d'un bout à l'autre au niveau de la subjectivité éclatée. Alors les recours à « MOI » ne sont qu'une manière de géométriser la scène, de formuler des *rôles* imaginaires, des fonctions de régie.

PAGE 24.

Ne fût qu'un diamant — Consumation du temps par l'intelligence « absolue »; le « diadème » deviendra dans *L'Ange* la figuration du système des lois universelles répétitives.

PAGE 25.

La chasseresse ailée — Allusion à Diane.
Que si ma tendre odeur — Morceau intitulé par Valéry *Renaissance*, ou *Arbres*, ou *Printemps*, ou *Primavera*; repris d'un poème antérieur non publié, écrit définitivement vers la fin du travail, « pour *attendrir* un peu le poème », écrit Valéry. On trouvera dans O. Nadal *(op. cit.)* une étude détaillée du passage, d'après les manuscrits.

PAGE 26.

Mais la candeur — Candeur : tous les sens; en particulier la recharge sémantique par l'étymologie : *candor* signifie blancheur.

PAGE 28.

Et seule à me répondre — Au contraire : les questions se pressent en vain : « D'où nais-tu? [...] Quel travail [...]? Qui t'appelle [...]? »

PAGE 29.

Et tous les sorts jetés — Cf. *Mélange* : « Les galets éternellement roulés et repris par les vagues comme des dés ».

Amèrement la même — Le dispositif des césures, des sons, des niveaux graphiques mêmes, inscrit dans ces deux vers non seulement l'objet « miroir », mais son fonctionnement, et sa fonction : jouant déjà plus haut comme un « miroir d'aile » associé à la mort et à la béance, c'est un des opérateurs du poème. Il renvoie à la Parque l'image des parties fragmentées de son corps en surimpression du paysage, lèvres, sourire, bras, épaule, regard. Et il métaphorise (il *transporte*) en supprimant les distances : il fait du corps le repérage de l'espace. On en voit des exemples dans le passage de la larme, des îles, du sommeil, du printemps, et dès le début du poème dans l'invocation aux astres. Mais c'est un corps désuni, erratique : l'écriture ne pourra le rassembler, en apparence, qu'aux derniers vers, en oubliant le tranchant de la question inaugurale, en oubliant l'oubli.

PAGE 31.

Qui se ruine à coups mystérieux — Écriture du corps, intérieure au corps, saisissant l'infime suspens, ou la vie ou la mort, dans le tracé du sang à travers la chair. Ponctuation séparant systole et diastole, puis, après trois vers qui « accommodent » sur une écoute encore plus fine, un blanc : l' « agrandissement » jusqu'au vide entre deux « bruits » ; et le recommencement des coups mystérieux de la vie, la redondance : « Attente vaine, et vaine... » L'épisode de la larme, de l'endormement, du réveil, ou tel autre, fourniraient une trame aussi serrée : « le détail secret du vivant », l'inscription de la sensation organique forment le *corps du texte*. Mais il ne faut pas confondre l'attention extrême à la machine charnelle, et le désir, la dépense, la jouissance qui ne font pas « attention » et ne « comptent » pas, libérant ou atteignant peut-être cet « autre » dont la jeune Parque reste, dehors dedans, séparée, même par la mémoire.

PAGE 33.

Mens !... Mais sache ! — L'instinct seul a remis la Parque sur

156

le chemin de la vie. Constatation aussi opaque et intolérable que la question initiale. Voulant alors retrouver par la connaissance ce chemin, elle est prête cependant à mêler le mensonge au savoir, le mythe à l'analyse. Car le problème est ici identique à celui du début. Le poème pourrait recommencer. La Parque n'a pas accompli, comme certains critiques l'ont dit, une auto-analyse; au contraire, elle passe au dehors en laissant ouvertes derrière elle les questions.

Cygne-Dieu — Outre les associations culturelles multiples (Baudelaire, Mallarmé, maint poète symboliste) il faut lire ici, dans l'intertextualité mythologique, une allusion à Léda, femme de Tyndare, aimée de Jupiter qui prit la forme d'un cygne pour lui plaire. Le cygne apparaissait déjà plus haut, non encore divinisé : « Où traîne-t-il, mon cygne, où cherche-t-il son vol ? » Le désir était encore lié à la « question » d'un lieu inconnu; à ras de terre encore s'était cependant substitué le fantasme du vol à celui de la reptation du serpent; maintenant, l'envol, le divin, le sublime l'ont définitivement emporté : le mouvement de l'imaginaire s'affirme de plus en plus dans la verticalité. Si bien que la nostalgie du Cygne-Dieu prépare l'appel tout proche au Soleil. Mais on ne peut comme Nadal considérer ce Cygne-Dieu comme tout apollinien et Soleil déjà : la référence à l'aventure de Léda est trop manifeste : « bras mourant au col viril », « de plumes offensée », « brûlante blancheur ». D'autant plus que Léda enfanta Castor et Pollux, Hélène et Clytemnestre : chaque fois l'un des jumeaux mourut — la vie et la mort, tension de l'extrême dans la jeune Parque; Hélène : celle-là même qui proféra, on l'a vu, la question initiale du poème. Rappelons aussi que dans les substitutions ou transformations alchimiques, traditionnellement le serpent est la base, et l'oiseau, en particulier le cygne, le couronnement : le poème s'insère de lui-même dans les grands mythes idéalistes de la transformation du vivant par l'esprit.

Un monstre de candeur — Cf. plus haut la note à candeur. —
Fil (Ariane, Parque, serpent, trace, rayon du soleil, etc.),
mensonge, main (ou doigt), reptile, désordre, altitude
adorée, retour, morsure (ou remords), lassitude, larmes,
songe, orgueil, connaître, profondeur, feu, sein, tombeau,
étoile, éternité — et beaucoup d'autres : thèmes distribués,
avec d'identiques repères lexicaux, dans le premier épisode,
et qui se retrouvent dans cette fin, mais inversés, sublimés.
— Ici le « monstre » des premiers vers qui dans les fonds de
« sécheresse » « se tord sur les portes de feu », est devenu
« monstre » blanc, écume de la mer : il ne s'agit plus du
serpent, le langage a effectué sa propre sublimation.

Ô Soleil — Point d'arrivée ? « Au commencement sera le
Soleil » ? Non, au recommencement. Car, si la jeune Parque
se croit sauvée en espérant que le Soleil viendra « se connaî-
tre » au miroir de son cœur, elle ne fait que déplacer vers le
Soleil la question qui la divise. Elle ne se réfléchit plus,
mais devient surface et s'offre à la réflexion d'un autre.
Cette disposition reconstitue aussitôt la structure du début
du poème, avec une simple translation des personnages.
Dans le poème suivant, l'Ange, jouant le rôle du Soleil et
recommençant l'aventure de la Parque, verra son reflet
humain sans le reconnaître, sans comprendre la question
posée par ses larmes. — En réalité, ce ne sont pas les « per-
sonnages » qui importent. L'écriture tente de combler le
vide de la « question », elle est sans cesse écrite *sur*, ou *dans*,
la trace de la question. Si bien que, lorsqu'elle déclare, comme
la jeune Parque en fin de poème, effacer la question, elle
oublie que la question ne vit que de l'effacement, et que :
écrire qu'on l'efface, c'est lui frayer sa trace. Le parcours de
La Jeune Parque est sans fin, comme celui de l'écriture
poétique.

L'ANGE

NOTICE

S'il y avait un centre, il serait ici : toutes les forces de décentrement s'y recoupent, par une structure de séparation. — Avant que la crise de 1892 n'installe le « Moi pur », pouvoir suprême d'exhaustion de tout, effet et cause d'un puissant refoulement (cf. *Histoires brisées*, *La révélation anagogique*, p. 134), et bien après la crise encore, en 1919, lors de la publication du premier fragment du Narcisse de *Charmes*, le Narcisse valéryen (dont il faudrait analyser l'extrême complexité) est un être de chair et de désir qui cherche dans son reflet l'image de sa perfection possible, et à travers la distance et la brisure du miroir, son âme : âme « étonnée » de se voir elle-même regardée, âme enfermée dans le « cristal » de l'onde, « éphémère », immortelle, inaccessible, mais aperçue, et peut-être connue, comme l'objet suprême du désir. Il s'agissait pourtant d'un narcissisme manqué, ou inachevé : la coïncidence ne pouvait s'accomplir. Mais le Moi, l' « inépuisable Moi », fait simultanément de cet Autre dont il savait la fragilité, et de lui-même, à la fin subsiste au moins comme un lieu de tensions, de références, et peut-être d'origine. Les positions majeures de 1892 sont maintenues.

En 1920, se produit « quelque chose d'immense, d'illimité, d'incommensurable » dans la « vie secrète » du poète : la rencontre de l'Autre, une vivante, pareille à lui, objet d'un désir vrai, celle par qui « l'esprit, l'âme et la chair (sont) divinement accordés », la rencontre du réel de l'amour. Pour un temps, plus d'angoisse, de miroir, de reflet, de distance, de défense. Narcisse n'était plus Narcisse, ce prisonnier de l'imaginaire ; les positions défensives de 1892 étaient foudroyées : il avait trouvé son âme et sa chair dans l'Autre. « D'où d'étranges combinaisons avec les sources de tendresses — et de chant secret. Et toute une vie dans le rêve d'une intimité dans l'extrême du sentir-créateur. [...] Aller au bout des puissances du seul — à deux. Reconstituer l'amour dans l'au-delà des états privés et connus. » La prison du miroir enfin devenue inutile, c'était délivrer cette voix peut-être entendue, prise sans le savoir pour mesure, et qui avait provoqué la recherche de « la chose réelle, introduite, absolue dont le creux était, depuis l'enfance, préparé par ce chant — *oublié* ». C'était même remonter plus haut, jusqu'au « maximum d'origine caché, qui attend encore en moi ». Au-delà du connu, des simulacres et de la répétition, dans l'origine pure, dans l'« une fois pour toutes » de l'âme et de la chair, c'était autour de soi tout rendre étrange, se faire ange, être-ange. L'effondrement bientôt de la situation affective rétablit la solitude et l'obstacle du miroir. Mais l'Ange avait pris la position occupée par Narcisse, et la distance du reflet devenait infinie. Non plus l'homme cherchant à connaître son âme, mais l'ange ne se reconnaissant plus dans l'homme.

Cet événement intime donne forme et structure d'œuvre à un certain regard d'étrangeté dont les *Cahiers* portent d'innombrables traces. Quelques exemples de cette « vision étrange » « qui fait que je suis moi », de cet *écart* brusque pris devant le connu ou le vécu : « Personne n'a exprimé ni ne peut exprimer cette étrangeté : *exister* [...] Parfois je ressens infiniment que je n'ai rien de commun avec — quoi que ce soit — *dont* MOI-MÊME » — « je frémis avec dégoût et la plus grande inquiétude se peut mêler en moi à la certitude de sa vanité, de sa sottise, à la connaissance d'être la dupe et le prisonnier de mon reste, enchaîné à ce qui souffre, espère, implore, se flagelle à côté de mon fragment pur [...] Mon idée la plus intime est de ne pouvoir être celui que je suis. Je ne puis me reconnaître dans une figure finie ». « Ce qui me distingue et m'a toujours distingué (depuis 1891) c'est un certain regard que j'appelle " conscience " ou conscience de conscience, et qui *projette* toutes choses (et moi en tant que perçu par moi) sur un même plan = celui des équivalents. Il y a un certain regard qui rend *toutes choses égales*. Est-ce le Moi des Moi ? » — « Depuis 1892 — je vis d'un regard *transposé* tel que toutes choses m'apparaissent moindres que *x* —? Ce regard difficile à définir mais regard de détachement — de séparation de ce qu'il comprend — par sentiment du possible — — et parmi *lui* une *région* — un domaine qui n'est d'aucun regard. » — Ce regard, c'est celui du Pouvoir, qui « veut tout consumer », c'est le Possible inviolable, la limite du « que peut un homme ? ». « Ange », l'appelait Degas : « il avait plus raison qu'il ne le pouvait croire — Ange = Étrange, estrange = étranger... bizarrement à ce qui est, et à ce qu'il est. » Et enfin : « Ange [...] Étrangeté des choses, du soleil, de la figure des hommes, etc. Et c'est en quoi je suis Ange. A quoi rime tout ceci ? (et quand ce sentiment me vient, je ME *reconnais*) et je tombe en extase [...] Mon incrédulité est faite de ceci et du sentiment des combinaisons possibles — de l'indécence d'une vie et de choses déterminées, — du ridicule d'être engagé. Je regarde mon visage et mes propriétés et tout, comme une vache fait un train. »

Ces textes définissent assez clairement l'expérience radicale de l'*écart*, pour que soit déchiffré à leur lumière le premier projet du poème *L'Ange* écrit en 1921 (novembre ?) au cours même de la crise affective, comme, précisément, la marque d'une entame décisive dans l'union illusoirement vécue. L'Ange (ange-angoisse) ne peut que reproduire la division dont il est lui-même un produit : il est le dedans qui n'est jamais dehors, ou le dehors qui n'est jamais dedans. On lira ici un état de ce premier projet, trop surchargé de ratures pour être entièrement cité :

« I. Une manière d'ange était assis sur le bord d'une fontaine. Il s'y regardait et se voyait *homme* et en larmes; et il considérait dans l'onde cette proie d'une tristesse infinie. Sa douleur lui semblait aussi étrangère à lui-même que son visage; et aussi attachée à lui. Aussi étrange (et aussi attachée à lui-même que le visage de quelqu'un qui se voit dans une glace lui paraît étrange, étranger et cependant le sien et le seul possible)... Il essayait de se sourire. Il se pleurait. Il ne concevait pas cette infidélité de ses traits à son intention — intellect.

II. Qui es-tu? disait-il tout bas à je ne sais qui... Et plus bas, redisait-il, qui donc est le plus moi de celui-ci qui là tant se tourmente, ou de celui-ci qui le regarde? Suis-je celui qui peut détourner les yeux ou celui qui ne peut être vu sans que la douleur soit?

III. Et un criminel se regardait aussi dans quelque autre fontaine ou dans la même et se disait : qui donc a commis tous ces crimes dont on parle? Je ne vois pas de criminel? Je vois cet homme à l'air doux.

IV. Un Dieu se regardait aussi du haut des cieux. Mais il ne voyait rien.

V. L'ange disait : Ô mon mal... je vous soutiens dans ma vie universelle vous m'êtes une chose. Il n'est pas une épine, une étincelle de cette douleur que tout éveille, que tout attise et alimente, non il n'en est pas une pointe que je ne compte et dont je ne sache l'origine la destinée.

Je sais votre poids, à chaque goutte, à chaque larme et je vous vois dans le diamant de mon esprit, au moyen du diamant de mon esprit, je vous vois sourdre, poindre, traverser avec une affreuse lenteur les temps qui sont chair et la chair vive qui est le temps lui-même et durée.

Je vous vois mon mal. Pourquoi si différent sommes-nous inséparables — je vous contiens... qui a lié ce mortel à cet immortel ?

VI. Je vous regarde au moyen du diamant de mon esprit. Et d'une part rien ne m'échappe et d'autre part je vous vois de toutes parts — vous êtes une infinité d'êtres qui souffrez et qui sont moi de toutes parts.

VII. Les yeux que je vois à cette créature qui est moi pour-
tant sont les plus obscurs — si obscurs que je ne les ai jamais vus
Il est donc vrai que je suis né
VIII. Je regarde dans cette eau si »

Opposition du singulier et de l'universel; question provenant
d'un lieu hors de moi en moi, abolition du sujet : on reconnaît
la dramaturgie intellectuelle de la jeune Parque, les constituants
permanents de la mythologie valéryenne de l'esprit. Mais cette
ébauche est trop proche encore de l'anecdote affective pour
constituer une structure. Le texte définitif (Valéry en achève
l'élaboration quelques semaines avant sa mort, en mai 1945)
modifie de façon décisive la fonction de l'Ange : il n'est pas le
Moi pur aussi peu figurable que le « centre de masse d'une
bague », il n'est pas seulement l'écart instantané de l'étranger :
il est, pour l'éternité, la connaissance. Un système circulaire,
unitif, réfringent, total harmonieux. Mais un système fini :
une sphère fermée. Mythe obsessionnel de Valéry : la Tête
de M. Teste dessinée dans un théâtre en forme de crâne, la
tête parlante aux yeux fermés de l'*Île Xiphos* (*Histoires brisées*),
la Tête de cristal où le monde et le corps transcrits dans le
système des lois trouveraient leur ordre éternel. L'entreprise
de rejet est là : dans l'essai de substitution d'un espace mental
à l'espace du corps. Substitution dont Valéry tend à faire
l'acte même de connaissance. Mais la moindre douleur
consciente, la moindre larme ramènent l'infini au fini, et désas-
semblent ce système qui fait de la connaissance un dehors
absolu, au prix d'une méconnaissance infinie du désir, d'une
ignorance radicale du manque, d'un effacement « angélique »
du sujet. Ce n'est pas en savant que Valéry s'est longtemps
efforcé de donner à la connaissance ce statut désincarné, mais
en mystique du Moi, d'un Moi qui croit pouvoir transposer
la réalité vivante du corps « dans la même enceinte où s'exer-
çaient aussi notre volonté et nos pouvoirs de production
" universelle " : la réduction de la douleur à ses causes forma-
lisées permettant d'abolir la douleur, de franchir le seuil de

l'événement et de l'histoire. Alors la question, surgie de l'autre de la jeune Parque, de l'autre de l'Ange, et encore de l'autre d'Agathe, l'interrogation inachevable et sans origine (« Quelle conque a redit le nom que j'ai perdu ? » pourrait être, dans *La Jeune Parque*, la question des questions), cette demande sans réponse redonne voix à l'angoisse ; le vécu demeure irréductible, l'Ange ne peut rien faire avec les pleurs, les pleurs ne peuvent rien faire avec l'Ange — rien faire d'autre que, l'un et l'autre, se chercher sans se comprendre.

Toutefois le poème demeure ambigu : l'opposition du connaître et du comprendre figure-t-elle seulement l'étonnement de l'étrange ? une condamnation du Système ? une contradiction insoluble ? l'appel à transgresser une limite suprême ? *Mon Faust* essaiera de répondre.

AGATHE

NOTICE

Ceci n'est pas un conte : pas de récit, d'action, de personnage. Ceci n'est pas un livre : « mon histoire ? je la méprise comme un livre ». C'est le domaine de l'occasion pure, du hasard gouverné, du leurre méthodique, des détours contrôlés du moi. Pour arriver à quoi ? à représenter les relations qui se nouent et se dénouent dans la durée d'une pensée, le continu et ses ruptures apparentes, les « opérations » de l'esprit ; aussi, à voir se dessiner le moi comme une structure, et finalement comme l'un des éléments formels de l'ensemble de formes qu'il contient : ce texte est dirigé par le maître du jeu, puis se rabat pour transformer le maître en une pièce de son jeu. Paradoxe du contenant reversé au contenu, triomphe du langage pur.

C'était d'abord tout autre chose. Au début de 1898, Valéry imagine de traiter un « problème de psychologie transcendante, imaginaire », bientôt intitulé provisoirement *Notes sur « Agathe »* ou *Agathe ou le sommeil ;* il y travaille jusqu'en 1901 ; y revient en 1903 comme à une chose passée (« l'ancienne Agathe » dit-il dans ses *Cahiers*) ; ranime le projet en 1912 : alors « l'ex-commencement d'*Agathe* » devait faire « *l'intérieur* de la nuit de M. Teste »; à des dates que l'on ne peut fixer, il travaille simultanément sur plusieurs états dactylographiés de ce fragment d'un « roman du cerveau », jamais entièrement achevé. Une dactylographie presque sans ratures, et la photo-copie d'un manuscrit assez différent furent publiés par les soins d'Agathe Rouart-Valéry en 1956 en édition de luxe (© Agathe Rouart-Valéry, Paris 1956). Le texte imprimé fut repris dans l'édition de la Pléiade (II, p. 1388-1392) en 1960, sauf deux pages qui ont échappé à l'imprimeur. Le texte complet est reproduit dans le présent volume. Seront citées en note quelques variantes des brouillons, cahiers, et copies dactylographiées utilisées par le poète comme exemplaires de travail.

Outre *Agathe*, titre traditionnel, Valéry envisagea plusieurs titres : *Manuscript trouvé dans une cervelle, Le manuscrit trouvé dans une cervelle* (Louÿs proposait plus simplement : « Trouvé dans une cervelle »; « Manuscrit » semblait « se brancher sur Poe » — cf. *Histoires extraordinaires, Manuscrit trouvé dans une bouteille*), *Nuit claire, La nuit et le cerveau, Nocturne selon M. Teste, Effet de nuit*. D'abondantes « études pour *Agathe* » dégagent peu à peu le projet d'ensemble : Agathe (on la voit chez elle, sa famille, etc.) s'endort d'un sommeil cataleptique; les sensations réelles s'éloignent, se dispersent; au réveil, elle raconte « ce que devient un monde où rien n'est régulier, rien n'est dur. C'est un monde qui change à l'écart de la réalité, et se déforme de toutes parts; une existence sans pré-vision, sans souvenir, où tout se dérobe sans esprit, — où tout est égal. » Ou encore : « Agathe, Sainte du sommeil, dans lui ensevelie, environnée : un vase clos, où se continue une action tandis qu'absolument séparé d'elle le reste continue. Idée de la sphère fermée. Motif du domaine du sens. Vue à l'horizon. Tact de si près. Efforts en soi-même [...] Tout varie de soi. Description du royaume du sommeil. Voyage multiple, départs rayonnants, pays mouvant. / Le songe est modification de la pensée — Éléments les mêmes — Ordre nouveau, relations qui descendent au degré dernier, juste avant la substitution. / Les raisonnements endormis. / Les relations. / Les sentiments

ou opinions qui sont au-dessous des images subsistent. »
Manifestement, ce n'est pas le rêve qui intéresse Valéry, malgré
ses « Recherches sur le sommeil et le rêve » prévues pour
Agathe ; ce n'est pas le mystère ni la logique des songes. Et
ici comme ailleurs, il faudrait beaucoup forcer les textes pour
ne pas voir que le plus souvent il examine le rêve seulement
pour le comparer aux sensations de la veille, comme un état
inférieur ; que les ratés du rêve soient des coups au but de
l'inconscient, Valéry refuse d'y songer ; les fonctions du *moi*
s'y perdent, le regard n'est plus distance et protection, saisie
et jugement : « Une fois endormi [...] j'ai perdu la vigueur de
regarder quelque chose comme un rêve » ; horreur de perdre ses
pouvoirs, de n'être plus capable de l'*écart* et de l'*étrange*. Aussi,
très vite on aperçoit que le rêve est utilisé pour poser une
situation d'hypothèse : que se passe-t-il pour la pensée lorsque
décroît l'impact immédiat des sensations ? Un « exposé analy-
tique » propose la succession suivante : « A. [...] les faits mentaux
sont regardés comme tels et d'importance égale / 2. identité
des changements / 3. unicité — pauvre / 4. suite incohérente
et claire — hasard / 5. comparable aux sensations / 6. le moi
change d'*expression* / 7. *enfin* les propriétés purement for-
melles se dégagent. » Le rêve n'est plus qu'une condition
d'expérience — et sans doute ne serait-ce pas la plus efficace —
introduite pour analyser les modifications internes de la pensée
en tant que pensée, jusqu'au stade de la formalisation par
l'acte intellectuel. Aussi le même « exposé analytique » pour-
suit : « B. [...] je dois peindre : 1. la connaissance totale (mélange
imaginable tangible intelligible) / 2. l'intellect et l'action / la
puissance d'intellect / le pouvoir / maîtrise / la mesure / les
rapprochements voulus — travail / les symboles — l'en dehors
du temps / la sensation regardée comme un simple commen-
cement. » Du rêve, rien ; de l'intellect, tout. D'autres plans
préparent, aussi clairement dite, l'ascension progressive vers
ce point dernier : « Intellect — moment où $\frac{je\ suis}{je\ fais}$ des lois. »
Alors, le rêve ? n'en parlons plus, il est décroché. Une première

note des brouillons le dit, encore prudemment : « Une personne qui dort si longuement que son sommeil est une maladie — ressemble peut-être à celle qui pense très longuement »; une autre, avec déjà plus d'assurance : « Si on le connaissait bien (le rêve) on y trouverait les propriétés essentielles primitives de la connaissance. Celles qu'il n'altère pas (changement — association — déformation). » Et enfin : « Tableau de l'esprit-corps groupé autour de ce cas : la recherche et la trouvaille. » La trouvaille disparaîtra. Subsiste la « recherche ». — Allons, *Agathe* n'est ni une parole du rêve ni une parole sur le rêve; mais le poème de l'attention et des changements formels de la pensée allant vers sa limite. En 1898, du Michaux abstrait. Et c'est immense.

Une lecture un peu attentive, un peu imprégnée, — et bientôt apparaissent les chemins et les mouvements de l'esprit quand on rend conscient de toutes ses opérations le regard dans le noir. Doucement l'écriture laisse renaître des fragments d'images, mais inutiles, dépourvues de leurs adhérences, sans commencement perceptible, sans contenu conceptuel : seulement des formations lumineuses sur l'écran qui à chaque instant se décentre; un étonnant tableau cinétique sur fond noir, ou une machine cybernétique : les petites lampes s'allument, s'effacent, se déplacent, les formes connues sont désunies ou se fondent pour inventer un contour jamais vu; pas de métaphores : trop attentive à ce qui intérieurement la forme, l'écriture ne peut saisir son dehors; l'image, bien distincte et séparée, n'a ni le temps ni le pouvoir de s'unir à une autre; pas de métaphore, donc, mais des métamorphoses continues, un défilé métony-mique de formes. Il faudrait dire : de formes *formelles ;* les surréalistes (fortement touchés par l'*Introduction à la méthode de Léonard de Vinci* et *La Soirée avec M. Teste*) diront le contenu de ces formes, et le mobiliseront. Et déjà appartient au merveilleux ou au fantastique de l'imagination « automatique » (Valéry dit ici : « figures spontanées ») cet « Humain presque debout dans le ressort de la mer; drapé de vaste froid », — ou cette « absence étrange de sol, comme une origine de notions toutes nouvelles »; ou : « une hauteur plus glacée, cachée au-dessous de moi, me cède, et reviendra me boire dans quelque rêve ». Mais plutôt c'est le *formel* qui s'inscrit : « une idée, devenue sans commencement, se fait claire, mais fausse, mais pure, puis vide ou immense ou vieille : elle devient même nulle, pour s'élever à l'inattendu »; « une idée », quelle idée? peu importe; mais sa variation, son rythme, ses intensités, autrement dit l'algèbre de sa durée, sa loi de fécondité (en particulier le *détour* ou l'après-coup : il faut qu'elle semble s'annuler pour reparaître inattendue et « amener tout l'esprit »), voilà ce que cherche, ou découvre, le narrateur. Il prend les formes, les vide de leur sens, dessine leurs lois : une topologie des tensions de l'espace mental, une géométrie de l'esprit.

Lui-même est partout. Massivement, et répété dès l'attaque qui lance vers *plus*, vers *plus* — *je* : « Plus je pense, plus je pense ». Ce désir du *plus*, vers quoi? le texte ne s'arrête pas, il additionne je sur je, encore et encore, à chaque instant (à chaque paragraphe) tout commence à je, « je vois », « je suis », « mon corps », « je fixe », « je doute », « j'écris », « je ranime », « je touche »; plus fortement encore, le je caché qui s'adresse à lui-même, se constate ou s'exhorte : « Tu te connais », « invente »; surtout « je veux », partout « je veux » et « je peux »; traversée, même l'erreur se transfigure en *plus* : « une fois que mon souvenir s'est trompé, je le possède plus que jamais ». Un mouvement qui sépare, cloisonne, divise pour mieux régner (la ponctuation si serrée d'Agathe, comme une force qui disjoint, encercle, comme les parenthèses des formules de l'analyse mathématique), et de la même foulée glissante avance invinciblement, une chasse qui accumule ses prises, une poursuite, une enquête implacable, interminable, jusqu'à ce point de « mon entière puissance attentive », flamme où viennent se dissoudre et mourir les pensées, les images. Serait-ce une reprise du « coup d'État » de Descartes, l'affirmation violente du moi et de la conscience pour les fins de la connaissance? « Plus je pense » a-t-il donc pour corollaire « plus je suis » ?

Ici le retournement. Prenons au plus loin. Une note des brouil-

lons indique ceci : « j'ai posé une situation de *narrateur-théâtre* ».
Donc, d'abord, spectateur-scripteur de sa propre comédie :
« sur cette ombre sans preuve, j'écris comme avec le phosphore,
de mourantes formules que je veux ; et quand je suis au bout,
près de les reprendre, je dois toujours les tracer encore, car elles
s'endorment à mesure que je les nourris, avant que je les altère. »
Cette sphère fermée constitue un ensemble, au sens mathéma-
tique du terme : tous les éléments, images, pensées, souvenirs,
obéissant à une même loi qui régit leurs permutations, leurs
transformations, et dont le sujet (spectateur-scripteur) détient
et voit se manifester la formule à travers le change permanent
des figures. Partout niées ici, l'origine et la cause, la prévision
linéaire — du connu au moins connu, etc. — laissent place au
fonctionnement par *substitution* et par *phases* : c'est le premier
essai pour représenter l'activité de l'esprit par un système formel
moderne. Mais le désir du sujet, nous l'avons vu, n'est pas seule-
ment de regarder : il est de s'épurer, de se défaire de ses attaches,
de désassembler l'ordre mortel des habitudes, d'atteindre la
transformation suprême qui arrêterait le change : cette « quelque
chose brève et universelle ; une perle abstraite [...] une loi éton-
nante [...] une fixité splendide » au cœur d'un « cercle impéné-
trable », — seule figure d'un centre dans ce texte en perpétuel
décentrement — où les choses, les lois ne recommenceraient
plus le jeu du change. Non plus le théâtre du fonctionnement,
mais la possession de l'irréductible. Il y a ainsi dans le texte
une borne, une impossibilité, et ce bord, cette vitre infranchis-
sable, c'est le sujet écrivant, le sujet de l'écriture, qui en porte
la double face. En lui, apparemment assuré de la maîtrise, deux
fois un cri surgit, né dans l'écriture, porté par ces traces dont le
sujet ne peut se défaire : « QUI interroge ? », et : « SI cette pureté
se pouvait » ; termes capitaux, en capitales, dont on pourrait
dire qu'ils viennent de l'autre côté, s'il y avait un autre côté.
Car ce QUI est impossible à rejoindre, à faire parler : il n'est que
la trace inscrite d'un manque, et aussitôt pensé, proféré ou
écrit il se dénature et devient une partie, une pièce formelle
du fonctionnement — comme le « QUI pleure là ? » de *La Jeune*

Parque. Le SI de la condition-interdiction, et le pronom du manque, font descendre sur la scène les fantômes du non-dit et de l'indicible, toute la troupe du refoulement-sublimation. Ils ont partie liée avec, là-haut, la loi étonnante, et, là-bas, les profondeurs glacées qui boiront le narrateur dans le rêve. « QUI interroge ? » Pas de réponse puisque « le même répond, le même écrit, efface une même ligne. Ce ne sont que des écritures sur des eaux. » Ni le sujet, ni l'écriture, tous deux substituts de l'innommé sans origine et sans visage, ne peuvent crever la surface ou le bord, ni éclater hors du même qu'ils sont l'un et l'autre, ni se perdre en échappant à la monotonie définie qui les formule.

Ainsi, de *narrateur-théâtre*, le sujet ne peut devenir *plus* que théâtre-narrateur. Il n'y a pas de *plus* dans les dernières séquences, mais une stabilisation qui nie l'accroissement et réalise l'indifférence entre les éléments : « nulle d'entre elles ne pourrait devenir plus importante que son heure. » Il n'y a pas de « je », sauf à ce « midi admirable de ma présence » : mais il est fait de « la seule chose qui existe » : parmi les idées, « une quelconque ». L'intervention du sujet devient indistincte. Le progrès topologique n'aurait pu se poursuivre que par tension avec le « cercle impénétrable », si ce cercle et cette perle n'étaient un non-lieu, un non-temps, un espace autre et irrepérable. A la procédure topologique, qui n'a plus d'axe et s'arrête, se substitue un mécanisme d'emboîtement. L'ensemble des connaissances constituant le sujet se rabat à l'intérieur de l'ensemble : « Toute leur naturelle quantité est aussi : une d'entre elles. » Ayant perdu le pôle de sa dialectique, l'esprit est absorbé par le système du fonctionnement de l'esprit. Si le narrateur est théâtre, le théâtre est narrateur, et le sujet de l'écriture n'a pas d'issue hors d'elle. Serpent, figure des figures : quand l'esprit a effacé le corps.

NOTES

PAGE 45.

Plus je pense, plus je pense ; si, peu à peu — Les variantes successives des brouillons sont éclairantes. — 1. « Plus je pense, plus je pense, mais à autre chose. » La répétition des termes n'est donc pas l'identité : le deuxième « plus je pense » contient déjà un « mais », un glissement du signifié par en dessous. Immédiatement, l'attaque se fait par le cas extrême : similitude du signifiant, différence jouant aussitôt sur place, par un creusement, ou un changement (le change) interne. Formule, donc, que l'on peut considérer comme le *cogito de la substitution*. Ce que dit clairement la remarque portée à la suite sur le brouillon : « Toutes ces formes et ces variations sont toute la pensée et de changements en changements constituent chaque invention, sentiment etc. » — 2. Dans la suite des variantes : « Plus je pense, plus je pense, si, peu à peu nouveaux »... « Plus je pense, plus je pense, — si, peu à peu nouveaux », se détache progressivement la marque du « si », encore minuscule, qui, trois pages plus loin, fera buter le mouvement du « plus ».

Elle devient même nulle — Cf. ces notes d'un manuscrit : « le rien plus solide que tout ce que j'imagine »; et : « Si donc je réfléchis à construire une maison et que je vienne cependant à penser à... la mer par exemple, ce sujet étranger peut me donner une solution sur le premier et me conduire plus efficacement à un résultat que la station dans le premier sujet lui-même. Dès lors, revenant à la maison puis-je dire qu'il était sûr que j'y retournerais ? » — Outre une recherche, à travers le change et la substitution, des conditions d'une logique nouvelle, Valéry met en place sa propre dialectique du rien, appelé parfois « procès d'étrangeté », qui n'est pas sans rapport avec le néant Mallarméen (« Sur le nu ou le velours de l'esprit ou du minuit » réfère à la symbolique mallarméenne de la nuit et de minuit, en particulier dans *Igitur*). Au bout du Rien pourra surgir le Tout, l'annulation du sujet : c'est, en particulier, la dialectique *impossible* de Teste. Ici le rien, et le minuit, travaillent chaque séquence, produisant les effacements, les disjonctions, les brisures, déconstruisant les « images » du jour, même la forme du narrateur, sans pourtant livrer le Tout, « cercle impénétrable ». Note d'un manuscrit : « Faire le noir éclatant à l'infini. »

PAGE 46.

C'est mon fond que je touche — Note d'un brouillon : « je touche mon fond — mais ce n'est qu'un fond de surface, une chose, une figure encore, ou un plan où s'inscrivent se transforment les figures. » Dans un *Cahier* de 1938 : « le fond de la pensée est apparence — il est l'inexistante chose qui masque l'acte même. »

L'être fait pour l'oubli — Variante d'un manuscrit : « ici reparaissent, incomparables, au delà des temps, ayant suivi des chemins toujours perdus, les êtres faits pour l'oubli. » — Si la déconstruction des relations familières du jour s'effectue, revient l'oublié, *sans date*, spontanément (« figures spontanées »). C'est à travers cette logique des fantasmes et des désirs perdus, bref : cette logique de l'inconscient, que, par une tension de sublimation, Valéry s'efforce d'atteindre l'acte pur de l'invention. Cf. note précédente.

La constellation — Variante d'un manuscrit qui paraît être le dernier exemplaire de travail : « constellation » remplacé par « assemblage » — effacement des métaphores, accroissement des référents mécanistes.

Peut sans cesse être demandée — Corr. du manuscrit de travail : « sans cesse former d'autres questions ».

173

Unique, mon étonnement s'éloigne, parmi — Corr. du manuscrit de travail : « lui-même, mon étonnement se place parmi ».

Se détruire ce qui pense jusqu'à ce qui pensera. — 1. Fonctionnement du « procès d'étrangeté », ou dialectique du rien, où s'insère, comme le dit la variante, la brisure de la réflexivité, du miroir : « Tout ce que je vois distinctement c'est se détruire ce que je pense, parce que j'y pense » ; et corr. : « parce que je le réfléchis ». — 2. L'élan est donc à chaque instant travaillé, et produit, par la négativité : « jusqu'à ce qui pensera » se reproduit sans cesse, dans le désir d'un change définitif et génial, comme le dit un ajout : « que faut-il à ce... qui — pour être génie, me changer profondément ? » « Qui » formulé, plus loin, en « QUI » interrogatif.

QUI interroge ? — Un manuscrit ajoute ce qui sera attribué à « je » plus loin : « D'ici il peut changer toute ma tradition, je la regarde comme un point, détruire des souvenirs la résistance grossière, annuler mon expérience et par un simple songe nocturne se déprendre tout à fait, — méconnaître sa propre forme. » Il s'agit bien de l'autre du moi.

Des ondes enveloppant la distance. Au large, se meurt, si je ne la forme, une masse capitale. — Le premier état d'un manuscrit éclaire le travail de la disjonction et de la négativité : « des ondes enveloppant une distance où je trouve si je la forme une masse de nuit. »

Revenir sur le bord d'un cercle impénétrable — Un manuscrit porte : « sur le bord d'un cercle ou zone limitée », et en sur-

charge : « solution asymptotique anneau ». Puis : « Là j'ima-
gine. Là je produis et me perds. Là je balance la faiblesse et
la vigueur d'être là et de n'être que là si près d'un domaine
important et de n'y pas entrer. » Et cette note : « ce cercle
divise mon champ en deux parties l'une finie l'autre infinie
où j'erre. »

PAGE 53.

Une d'entre elles — Le manuscrit photocopié porte ensuite plu-
sieurs séquences non reprises. La première confirme l'inter-
prétation proposée ci-dessus dans la notice : « Et moi, parmi
mes éléments; mon intervention se mélange; et ma personne
n'est pas distincte. Il me semble de n'être plus un individu. »
Et une partie de la dernière : « Instrument que je suis d'une
diversité inconnue. » D'autre part, un brouillon indique briè-
vement que l'intellect valéryen, « semblant de perfection »,
n'est pas la « raison ordinaire », mais « celle qui use de toutes
choses, et irrationnelles » : la recherche, au sommet, d'une
position commune pour le conscient et l'inconscient.

HISTOIRES BRISÉES

NOTICE

Pas de roman : l'impureté du mélange d'observation et d'invention empêchait Valéry de poursuivre un récit jusqu'au bout; il lui faut l'analyse formelle, et la synthèse d'une écriture condensant l'abstrait et le concret. Pas de roman, mais des contes, les uns publiés, d'autres, plus nombreux, cachés dans les *Cahiers*. Ou plutôt des fragments de contes, des commencements, des coupes qui, à la cassure, font voir les veines du dedans. Un prolongement possible n'est pas le roman, mais le poème en prose. Les personnages sont incertains, des carrefours de réflexions ou de gestes, des virtualités d'actes répartis presque au hasard entre Acem, l'Esclave, et Emma ou Rachel ou Agar ou Laure ou Sophie : peu importe la personne, l'instant du conte cristallise l'étrange qui compte seul et fait passer du presque rien au presque tout. La vieille rhétorique du récit, le vieil espace de la représentation et de la description, on les trouve encore ici; mais dénaturés, tronçonnés, porteurs immédiatement de symboles, ou, comme on dit en physique, de « modèles », de « simulateurs » d'un certain fonctionnement généralisé : la « fenêtre » de Rachel, est-ce dedans ou dehors? Les dés de cristal et le polyèdre de Xiphos disent le hasard, le renversement sans fin, l'impossibilité du vrai. Car un secret

176

chaque fois reste non dit : le secret de l'esclave, le secret d'Acem, la contradiction de Robinson « Seul ; Non seul », ou cette fin bloquée : « Mais la vérité est celle-ci, qui est plus profonde. » Ici un point : on ne saura pas. Un secret : les brouillons et le cahier préparatoire en disent plus d'un. Secrets des souvenirs d'enfance, traces du bouleversement érotique de 1920. « *Que peut-on faire avec un AUTRE ?* » demande Rachel. Pas de réponse. Entre le début, *Calypso*, et la fin, *La révélation anagogique* de 1892, du plus proche au plus loin, on trouve non pas une ligne continue, mais une démarche analogue, ou un même regard : celui du désir brisé, et une écriture qui formalisant du premier coup l'étrange rend impossible le récit. L'étrange pose une question, écrite ou non. Chaque instant, chaque fragment, se rompt sur cette question implicite. *Histoires brisées :* au dedans du dedans, la question secrète, ou le conte du Je et de l'Autre.

Préparé en grande partie par Valéry, ce recueil paradoxal fut publié en 1950 (Paris, Gallimard). Le dossier comporte des textes écrits entre 1916 et 1943. La plupart furent composés en 1923, lorsque G. Gallimard demanda à l'écrivain « un roman sensuel et cérébral ». Beaucoup de notes, d'un aspect analogue à celles des *Cahiers,* se trouvent au dossier. Celui-ci contient aussi plusieurs passages qui ne paraissent pas avoir été prévus pour la publication, et que les éditeurs de 1950 ont en effet supprimés. On trouvera ici le texte de l'édition de 1950, amélioré sur certains points, complété sur d'autres.

NOTES

PAGE 59.

Ce poème en prose, dont la symbolique à la fois sexuelle et intellectuelle (« la figure d'une idée ») est évidente, avait été lu par Valéry à son ami Monod, en même temps que *L'Ange*, le 25 mai 1945. L'état des manuscrits permet de le considérer comme achevé : le désir et l'attente, l'espacement du sens retenu à chaque pas et interrompu, sont mimés, sur la dactylographie dernière, par la typographie particulière du titre, reproduite dans ce volume. — On sait que la nymphe Calypso, fille d'Okeanos et de Téthys, retint dix ans Ulysse dans l'île d'Ogygie.

ROBINSON

PAGE 62.

Outre un cahier portant plusieurs états du texte, le dossier est constitué de dactylographies et de notes isolées, recopiées des *Cahiers*, de 1919 à 1940. — La figure de Robinson se construit à partir du système isolé du moi, et d'une coupure avec les autres : des *instants*. Autant que Robinson, importe le lieu, encore une île, figuration du moi. Cf. *Cahiers* XXI, 162 : « Ego — = Robinson — / je n'ai jamais pu rien apprendre que par la voie de moi-même. — Je ne comprends rien que *par ré invention — par besoin*. Non seulement les résultats acquis m'éclairent et me servent, comme si tout chemin passait chez moi par le *centre* ou n'*arrivait pas*. Ceci difficile à expliquer et à exprimer. / Je suis terriblement *centré*. » Robinson n'est pas celui qui comprend, mais celui qui invente.

PAGE 75.

Hésitation sur le nom propre ajouté à l'encre sur dactylographie. Et la première phrase portait : Louise. — Selon la mythologie, Héra avait épousé son frère Zeus, et devint la divinité du mariage.

L'ESCLAVE

PAGE 78.

Autre titre : *Sujet soumis.* Plusieurs brouillons sont écrits au verso de papiers divers portant la date 1923.

PAGE 80.

Une maison rose *que je sentais abandonnée* — Cette vision, apparue comme originelle à l'instant du « simple sentiment de mon existence », quand le réel devient enfin informe en se dépouillant de toute similitude et que le mal d'être une personne définie s'efface, prend valeur de clef pour ce texte, si on la rapproche de l'anecdote contée dans *Cahiers* XVIII, 218, et confirmée comme « si enfantinement décisive par la connaissance de moi » (XV, 291) : « Histoire de " Ma petite maison ", j'avais peut-être six, peut-être 8 ans. Je me mettais sous les draps, je me retirais la tête et les bras de ma très longue chemise de nuit, dont je me faisais comme un sac dans lequel je me resserrais comme un fœtus, je me tenais le torse dans mes bras — et me répétais : *Ma petite maison... ma petite maison.* »

PAGE 81.

Toute ressemblance — Pour la suite, quelques variantes manuscrites : « je sentis la liberté, la puissance, le goût du jeu, le risque » — « O reine je tirerai de mon silence ma richesse et au-delà de ce que je sais je ferai venir ce que je suis. » — « Résurrection le bossu perd sa bosse. »

PAGE 82.

Vivre de sa vie — Un manuscrit porte ensuite : « L'œil pressé par la main enfante de soi-même des cristaux des étoiles / Si tu le portes sur de l'arbre ou sur de la lumière tu vois les merveilles. »

JOURNAL D'EMMA

PAGE 84.

Les manuscrits indiquent un projet de « *Journal du corps d'Emma* et prévoit les rubriques : *Au bain Au lit.* Les textes concernant *Agar* ou *Rachel* ou *Laure la Vraie*, ou *(Mémoires de) (Journal de) La Seule*, ou *Agnès Rachel* ou *Journal d'Emma* sont peu distincts les uns des autres dans une première ébauche. Celle-ci est constituée par un cahier *(Cahier Agar)* qui porte en exergue l'invitation de G. Gallimard à écrire « un roman cérébral et sensuel », datée 1923.

RACHEL

PAGE 88.

Un titre biffé, remplacé par *Rachel*, indique le projet d'une Robinsonne : *Lady Crusoe.* Ce conte devait comporter « Un Tristan und Ysolde analytique. Duo de sensations l'un décrivant ses sensations sentiments de divers ordres l'autre les généralisant. » Mais la distribution des fragments manuscrits entre « Emma », « Rachel », ou d'autres, n'est pas apparente dans les brouillons. Certains de ces fragments, plus achevés, ont été rétablis dans le texte de ce volume; certains dans les notes. Seule une édition critique complète permettrait une lecture d'ensemble du texte.

Aussi vite que des paupières s'abaissent — var. : *se ferment*

Vers la droite de ma pensée — var. : *de la forme de mon âme, ma présence muette, implicite :* et aussi : *vers la droite de ma salle intérieure.*

Elle est aussi — var. : *cette pensée s'envole.*

PAGE 89.

Ce qui est loin — var. : *loin et qui est moi ici et revient à la nuit moi.*

Des toits vieux — var. : *des dômes*

Quand la fenêtre vient, je suis capable — Leçon du *Cahier Agar* : « *Quand la fenêtre vient, je touche mon enfance ; trois vieilles Maries sont là je touche mes parents et par eux je crois toucher une foule de parents si nombreux que je n'existe plus.* » La fenêtre est indiquée comme faisant partie de la « symbolique [...] définie » d'Agnès Rachel. — Autre var. : *capable d'entreprises, même de crimes et de fuites aussi.*

N'arrête ma pensée — var. : *Mon esprit*

Folle et petite — var. : *folle, très petite*

Et par elle — var. : *et un autre*

Matinale, dorée — var. : *la matinée dorée.*

PAGE 90.

*Ce qu'on nomme l'*Amour — Auparavant pourraient se lire ces passages du *Cahier Agar* : « je n'aime pas la chose d'amour parce que c'est *bon*. Mais je l'aime parce que c'est *être*, se *sentir être.* C'est aller très loin dans le Sentir, c'est entendre une note très rare éloignée, aiguë de soi, et redescendre ensuite, regardant les sensations moyennes comme César les petits villages — et la vie du haut d'un sommet. Les sommets atteints, les sommets aperçus, et ceux qui ne seront plus ou pas accessibles. » Et encore : « Ce n'est pas de plaisir dont il s'agit dans l'amour, c'est d'énergie [...] Ce n'est pas le mot de *plaisir* qui leur convient, à ces *exercices d'anéantissement*. Si différents pour les deux sexes, comme donner et recevoir. État rare, état, de la somme des semblables duquel on ne pourrait composer un temps. » Aussi : « L'homme Ange lui dit : quand je fais l'amour ce n'est pas le plaisir que je sais par cœur, qui m'y mène, c'est l'agir. Ce n'est pas l'effet de l'acte, c'est l'acte même. »

Psaume — Ce passage, et le suivant, qui ne figurent pas dans l'édition de 1950, sont extraits du *Cahier Agar*, et on ne peut déterminer leur point d'insertion exacte ; la plupart des textes du *Cahier* n'ont pas été « distribués » : Emma, Rachel, ou Agar ou Sophie ?

L'ÎLE XIPHOS

PAGE 95.

Beaucoup de passages sont extraits des *Cahiers*, de 1916 à 1943 ; le lieu de regroupement, l'île Xiphos, paraît avoir été fixé en 1922-1923. — Xiphos, en grec, signifie : épée, poignard, glaïeul. Un symbole phallique est presque toujours, chez Valéry, lié à la quête de l'origine perdue (Xiphos est « le dernier fragment du monde qui a précédé celui-ci »).

Le dernier Atlante — Habitant de l'Atlantide, île hypothétique.

PAGE 100.

La tête disait souvent — en marge : le *langage*.

PAGE 114.

Sous la forme *Assem* ou *Azem,* ce nom peut, en renversant l'ordre des lettres, évoquer les mots italiens signifiant « milieu » ou « médian ». D'autre part, le suffixe « CEM » est trop familier à Valéry pour que la connotation n'apparaisse pas : CEM = Corps Esprit Monde, formule mille fois utilisée dans les *Cahiers* pour l'analyse des phases de la connaissance. Plusieurs passages de ce conte, d'après les *Cahiers* d'où ils sont extraits par Valéry, portent l'indication : « Teste ou Acem »; d'autres hésitations, avec Faust, Moi, Msst, Gladiator.

PAGE 118.

Mara — En marge, essai de plusieurs anagrammes : rama/amar/mara/aram.

PAGE 121.

Tout à coup je m'aperçus — Comment ne pas remarquer que l'ensemble de la scène qui précède et de cette conclusion met en place la structure de ce que Freud appelle la « scène primitive », réelle ou fantasmatique ?

PAGE 123.

Acem *disait* — En marge : *Une autre porte s'ouvrit.*

PAGE 125.

Les deux serpents — Le manuscrit porte un dessin : deux demi-cercles formant une circonférence presque complète.

PAGE 126.

Au commencement sera le soleil — Version abrégée du premier (*Au commencement sera le Sommeil*) des trois poèmes en prose publiés dans *Commerce* en 1925, sous le titre *A.B.C.*, « Trois lettres extraites d'un Alphabet à paraître à la librairie du Sans Pareil ». L'*Alphabet* ne parut pas. L'élaboration pourtant se poursuivit — La structure de l'Ange se retrouve ici : « je me penche sur Toi qui es MOI, et il n'y a point d'échanges / entre nous »; le texte de *Commerce* précise : « Je suis ton émanation et ton ange. » Mais cette structure est contredite par le titre : le poème se situe avant le commencement, dans l'attente du jour qui devrait abolir la scission.

FRAGMENTS

PAGE 130.

Les Sages — var. : Les Mages.

PAGE 134.

La révélation anagogique — Extrait, presque sans variante, du *Cahier*, février 1938.
An abstract Tale — un conte abstrait.
Νοῦς et ῎Ερως. Esprit et Amour. Allusion à la crise d'octobre-novembre 1892, d'où Valéry date la formation de son « Système », consistant à tout considérer comme les phases d'un fonctionnement. Esprit : c'était la domination sur lui des influences de Mallarmé et de Rimbaud, qui l'acculaient à l'impuissance. Amour : les effets d'angoisse destructrice provoqués par ses relations, platoniques, avec une Montpelliéraine.

Celui qui est Soi — en marge : « Ici JE // ME » — formule de
l'analyse extrêmement fréquente dans les *Cahiers* de la
division du moi, en particulier entre   je » sujet et « me »
objet dans la forme verbale *réfléchie*.

PAGE 135.

Miroir plutôt — En cet instant de crise, le sujet, qui s'est perdu,
répète l'expérience de l'identification à soi par le reflet,
fréquente au stade de l'enfance. Mais il faut qu'un autre
soit là, pour attester de la véracité du réel et de l'unité avec
le reflet. Ici la solitude absolue du sujet met en scène une
problématique du miroir partout présente ensuite dans
l'œuvre valéryenne — une sécession du sujet d'avec lui-
même, une division à l'infini entre soi sujet et soi objet —
ce que dit la suite du texte dans le *Cahier* : « Que si cependant
tu étudies ce que tu y vois, tu observeras que le personnage
étranger fait ce que tu te sens faire.

Ce sont donc les variations corrélatives qui te permettront
de comprendre que ce personnage est *de toi* —; qu'il n'a
pas un *acte* de *plus* que *Toi ;*

et par là aussi, ce Toi prend place en quelque manière dans
l'*Antégo,* et devient partie. »

BIBLIOGRAPHIE SOMMAIRE

La Bibliothèque de la Pléiade a publié des *Œuvres* de Paul Valéry (éd. Jean Hytier) et, en deux tomes, des extraits des *Cahiers* (éd. Judith Robinson). A quoi s'ajoutent nécessairement des parties de l'admirable correspondance *(Lettres à quelques-uns*, Gallimard 1952; *Correspondance* avec André Gide, id. 1955; *Correspondance* avec Gustave Fourment, id. 1957).

AIGRISSE (Gilberte) : *Psychanalyse de Paul Valéry*, Paris, Éditions universitaires, 1970.

ALAIN : *Commentaire de la Jeune Parque*, Paris, Gallimard, 1936.

BASTET (Ned) : « Œuvre ouverte et œuvre fermée chez Paul Valéry ». *Annales de la faculté des Lettres et Sciences humaines de Nice*, 1967.

— « Faust et le cycle », in *Entretiens sur Paul Valéry sous la direction de Emilie Noulet-Carner*. Décade de Cerisy-la-Salle, La Haye, Mouton, 1968.

BELLEMIN-NOËL (Jean) : *Les Critiques de notre temps et Valéry*, Paris, Garnier, 1971.

DERRIDA (Jacques) : « Qual Quelle, les sources de Valéry » in *Marges*, Paris, Éditions de Minuit, 1972.

DUCHESNE-GUILLEMIN (Jacques) : *Études pour un Paul Valéry*, Neuchâtel, A la Baconnière, 1964.

GUIRAUD (Pierre) : *Langage et versification d'après l'œuvre de Paul Valéry*, Paris, Klincksieck, 1953.

HENRY (Albert) : *Langage et poésie chez Paul Valéry*, Paris, Mercure de France, 1952.

HYTIER (Jean) : *La Poétique de Valéry*, Paris, Colin, 1970.

— « Étude de *La Jeune Parque* », in *Questions de littérature*, Genève, Droz, 1967.

JALLAT (Jeannine) : « Valéry et le Mécanisme (la notion de modèle et la théorie de la construction) », *Saggi e Ricerche di Letteratura Francesa*, Pise, 1967.

KÖHLER (Hartmut) : *Poésie et profondeur sémantique dans La Jeune Parque*, Publications du Centre européen universitaire, Nancy, 1965.

LAURENTI (Huguette) : *Paul Valéry et le théâtre*, Paris, Gallimard, 1973.

NADAL (Octave) : *La Jeune Parque, édition critique*, Paris, Le Club du Meilleur Livre, 1957.

— « La Nuit de Gênes » et « Arithmetica Universalis », in *A mesure haute*, Paris, Mercure de France, 1964.

NOULET (Émilie) : *Paul Valéry*, Bruxelles, La Renaissance du livre, 1950.

ROBINSON (Judith) : *L'Analyse de l'esprit dans les Cahiers de Paul Valéry*, Paris, José Corti, 1963.

SCHÖN-PIETRI (Nicole) : « Attente et surprise chez Valéry », *Essays in French Literature*, University of Western Australia Press, novembre 1971.

SCHMIDT-RADEFELDT (Jürgen) : *Paul Valéry linguiste dans les Cahiers*, Paris, Klincksieck, 1970.

WALZER (P.-O.) : *La Poésie de Paul Valéry*, Genève, Cailler, 1953.

« Paul Valéry vivant », *Cahiers du Sud*, 1946.

« *Entretiens sur Paul Valéry* », sous la direction de Émilie Noulet, La Haye, Mouton, 1968.

« Paul Valéry », *Yale French Studies*, 1970.

« Paul Valéry 1871-1971 », *Australian Journal of French Studies*, 1971.

« Paul Valéry », *Modern Language Notes*, mai 1972.

« *Entretiens sur Paul Valéry* », *Actes du colloque de Montpellier*, Presses universitaires de France, Paris, 1972.

« *Paul Valéry contemporain* », *Actes des colloques de Paris et de Strasbourg*, Paris, Klincksieck, 1974.

Cahiers Paul Valéry, n° 1, *Poétique et Poésie*, Gallimard, 1974.

Ce volume,
le cent deuxième de la collection Poésie,
a été achevé d'imprimer
le 22 mars 1974
sur les presses de Firmin-Didot S.A.

Imprimé en France
No d'édition : 15004 — No d'impression : 4294
Dépôt légal : 1er trimestre 1974